그림으로 읽는

잠 못들 정도로 재미있는 이야기

KB091027

쿠리하라 타케시 감수 | **김헌수** 감역 | **권수경** 옮김

BM (주)도서출판 성안당

코로나19의 확산으로 언택트 소비가 늘어나면서 이른바 '홈(Home)술'을 할 기회가 늘고 있다. 그리고 나는 간 전문의로 40년 넘게 근무하며 술꾼들과 가까이 지냈던 경험 덕분에 코로나 시대에 걸맞은 간에 좋은 음주법을 배우게 되었다.

이 책에는 눈이 번쩍 뜨일 만큼 새로운 사실들이 많이 실려 있는데, 그 내용은 인생 마지막 날까지 술을 음미하며 마실 수 있을 만큼 좋은 방법들이다.

흔히 간은 '침묵의 장기'라고 불릴 만큼 조용해서 피폐해져도 자각증상이 거의 나타나지 않는다. 그렇기 때문에 증상이 나타났을 때는 이미 간경변증이나 간암과 같이 무서운 병으로 진행되었을 수도 있다.

이 모든 것의 출발점은 '지방간'이다. 당뇨병이나 비만과 같이 현대인이 가진 생활습관병의 대부분은 이 지방간에서 발전하는 경우가 많다. 그리고 그 원인은 건강에 좋다고 생각했던 과일 속 '당질'에 있다.

이를 반대로 말한다면 술을 잘만 마신다면 지방간을 예방할 수도 있다는 말이다. 그렇지만 술에 대한 정확한 지식이 없어서 술을 마시며 간이 망가진 사람이나 걱정이 너무 지나쳐서 금주를 위해 술 마시는 즐거움을 포기해버린 사람도 있을 것이다.

하지만 잘만 마시면 '인생 최고의 친구'가 될 수 있는 것도 바로 이 술이다. 간에 양보하지 않고 술 마시는 즐거움을 평생 누릴 수 있다면 얼마나 행복할까? 이 책을 통해 '몸에 도움이 되는 음주법'을 배워보자.

타케시 클리닉 도쿄 · 니혼바시 원장
쿠리하라 타케시

머리말　2

제1장

간에 관한 새로운 상식　9

4

5

제 1 장

간에 관한 새로운 상식

술 마시는 사람이 장수한다?!

과학적으로 증명된 '술은 백약의 으뜸'

우리는 예로부터 '술은 건강에 좋지 않다'는 말을 상식으로 여겨왔다. 하지만 1993년에 미국 보건과학협의회(ACSH)가 실시한 음주량과 사망률에 관한 연구에서 '술을 전혀 마시지 않은 사람보다 어느 정도 마시는 사람의 사망률이 더 낮다'는 사실이 밝혀지면서, 현재로서는 '적정량의 음주가 건강에 도움을 준다.'는 것이 새로운 상식이다. 그리고 동시에 지나치게 많이 마신 사람은 사망률이 높아진다는 사실도 판명되었다.

이 상관관계를 나타내는 그래프는 'J'라는 글자의 모양을 하고 있어 'J커브' 혹은 'J커브 효과'라고 한다.

옆나라 일본에서 40~79세 남녀 약 11만 명을 9~11년 동안 조사한 결과 암, 심혈관질환으로 인한 총사망자 수 모두 하루 섭취 순 알코올 양(11쪽 참조)이 23g 정도일 때 위험도가 가장 적은 것을 알 수 있었다.

이러한 결과에서 알 수 있듯 '(적정량의) 술은 백약의 으뜸'이라 할 수 있다. 하지만 주의해야 할 점도 있다.

첫 번째로 고혈압, 당뇨병, 고중성지방혈증과 같은 위험 요소를 가지고 있다면 소량의 음주라도 몸에 악영향을 끼칠 수 있다는 점이다. 다른 한 가지는 적정량에는 분명 개인차가 존재한다는 것인데, 알코올 적정량은 어느 정도 기준이 정해져 있기 때문에 앞으로 이에 관해 이야기하고자 한다.

11만 명을 추적 조사하여 판명!
적당한 음주는 사망 위험을 낮춘다!

사인별 · 음주별 상대 위험도

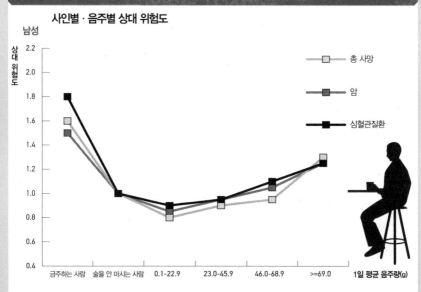

남성

상대 위험도

- □ 총 사망
- ■ 암
- ■ 심혈관질환

금주하는 사람 / 술을 안 마시는 사람 / 0.1-22.9 / 23.0-45.9 / 46.0-68.9 / >=69.0

1일 평균 음주량(g)

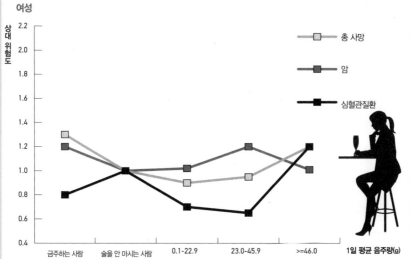

여성

상대 위험도

- □ 총 사망
- ■ 암
- ■ 심혈관질환

금주하는 사람 / 술을 안 마시는 사람 / 0.1-22.9 / 23.0-45.9 / >=46.0

1일 평균 음주량(g)

1. 40세부터 79세까지 남녀 약 11만 명을 9~11년간 추적하였다.
2. 사망률의 상대 위험도는 연령, BMI(체질량 지수), 학력, 흡연 여부, 운동, 당뇨병과 고혈압과 같은 과거 이력을 보정(補正)하였다.

출차: 후생노동성 e-헬스넷(https://www.e-healthnet.mhlw.go.jp/information/alcohol/a-03-001.htmL)

술 마시는 사람이 정수한다?!

새로운 상식 ② 술이 센 원인의 80%는 유전자가 결정한다

동양인의 약 40%는 술에 약하다는 사실

사람은 술이 센 사람과 약한 사람으로 나눌 수 있는데, 그 이유는 무엇일까? 이를 결정하는 원인은 바로 '유전자'이다.

체내에 들어간 알코올(에탄올)은 간으로 옮겨져 2단계의 분해 과정을 거쳐 무독화된다. 제1단계에서는 알코올이 알코올탈수소효소(ADH)에 의해 아세트알데하이드로 바뀌고, 2단계에서는 다시 알데하이드 탈수소효소(ALDH)에 의해 무독의 아세트산으로 변화하여 최종적으로 이산화탄소, 물, 열로 변한다.

또 알데하이드 탈수소효소는 6가지 종류가 있는데, 그중 2형 알데하이드 탈수소효소(ALDH2)가 술에 약한지 센지를 정하는 포인트이다. 알데하이드 탈수소효소(ALDH2) 유전자에는 알코올 분해 능력이 높은 N형과 분해 능력이 낮은 D형 두 종류가 존재한다고 알려져 있다.

부모님에게 각각 하나씩 유전자를 받아 NN형, ND형, DD형 3가지 유형이 존재한다. 알코올 분해 능력은 NN형이 제일 높고 ND형은 NN형의 1/16, DD형은 분해 능력이 거의 없다.

동양인은 약 20~40%가 ND형과 DD형이다. 즉 많은 수의 동양인은 유전적으로 술이 세지 않다. 술을 마셨을 때 얼굴이 금방 빨개지는 사람은 대부분 ND형이나 DD형이므로 이 경우 본인이 술에 약하다는 사실을 자각할 필요가 있다.

주량을 결정하는 [ALDH2] 활성 타입 3가지

유전자형	효소 ALDH2의 활성 타입	아세트알데하이드 분해 능력	얼굴이 빨개지는 정도 (플래싱 반응)
NN형	활성형	높다.	빨개지지 않는다.
ND형	불(不)활성형	낮다.	빨개지기 쉽다.
DD형	실(失)활성형	거의 없다.	금방 빨개진다.

인종별 활성 타입 출현율

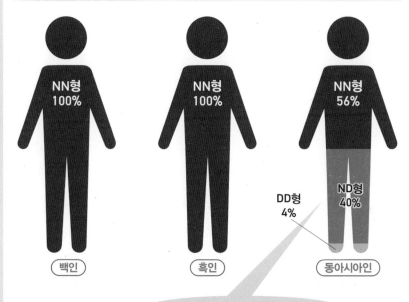

NN형 100%
백인

NN형 100%
흑인

NN형 56%
ND형 40%
DD형 4%
동아시아인

술을 잘 못하거나 술에 약한 사람이 전체의 약 절반을 밑돈다.

출처: 전 츠쿠바대학 하라다 쇼지 박사의 연구

술이 센 연인의 80%는 유전자가 결정한다

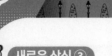

새로운 상식 ③ # 술의 적정량은 사람마다 다르다

1일 적정량은 순 알코올 양 20g

앞에서 이미 언급했듯이 적당한 음주가 건강에 좋다는 사실은 과학적으로도 증명되었다. 그럼 적정량은 도대체 어느 정도를 가리키는 걸까?

우리 몸에 해롭지 않은 순 알코올 양은 하루 7~40g이고 적당한 음주는 20g까지이다. 반대로 60g을 초과하면 몸에 해로운 과음이 된다.

이를 기준으로 생각하면 하루에 맥주 500cc 두 잔, 사케 두 잔, 사워(7%) 두 잔이 적당한 선이다.

이 정도의 양으로는 부족하다고 느낀다면 평상시에 술을 많이 마시는 편이었을지도 모른다.

단, 적정량은 개인차가 있기 때문에 알코올 분해 능력이 좋은 사람은 위에서 이야기한 적정량보다 좀 더 마셔도 문제없다. 반대로 분해 능력이 낮은 경우에는 당연히 적게 마셔야 한다.

자신의 적정량은 마신 술의 양과 음주법, 숙취의 유무, 건강검진 수치 등을 살펴보고 본인에게 맞는 주량을 찾아보자. 약술이 되는 자신의 주량을 찾는다면 술을 오래오래 건강하게 즐길 수 있을 것이다.

1일 적정 음주량은 알코올 40g 이하

맥주	와인	위스키

맥주 500cc 두 잔

글라스로 세 잔
(약 360㎖)

더블 두 잔

사케	일본 소주	사워(7% 정도의 과일주)

두 잔

물에 희석하여 두 잔

두 잔
(350㎖ 캔 두 개)

알코올 양 계산 방법

술의 도수(%) × 술의 양(㎖) × 0.8 ÷ 100 = 순수 알코올 양(g)

도수 40%의 위스키 50㎖의 경우

$$40 \times 50 \times 0.8 \div 100 = 16 (g)$$

건강하게 술을 즐길 수 있는 적정량의 조건 세 가지

- 몸에 좋은 알코올 양은 하루 7~40g

- 적당히 마신다면 하루 20g까지

- 하루 60g을 넘지 않도록 주의!

주량은
개인차가 있기 때문에
자신에게 맞는 주량을
찾을 것!

새로운 상식 ④ 간은 쉬는 날이 필요 없다!

일주일 단위로 관리하면 스트레스가 없다!

대부분의 사람들은 '일주일에 하루나 이틀 정도는 간도 쉬어야지.'라고 생각할 것이다. 하지만 그렇다고 해서 쉬는 날 힘들게 참고 그다음 날 '부어라 마셔라.' 하고 술을 마신다면 간이 쉬는 의미가 없다.

그렇기 때문에 최근에는 일주일 단위로 나누어 알코올 섭취량을 관리하는 편이 합리적이라고들 이야기한다. 즉 간은 쉬는 날이 따로 필요하지 않다는 것이 새로운 상식인 것이다.

앞서 이야기했듯이 알코올 적정 섭취량은 '1일 20g(순 알코올 양)'이다. 허용량은 하루 40g까지이고 일주일 동안 140~280g을 섭취할 수 있도록 컨트롤하면 된다. 이정도 양이면 스스로 판단하여 조정할 수 있으니 간 쉬는 날을 만들어 술을 참을 때 생기는 스트레스도 없을 것이다. 주말에 모임이 있으면 일주일 동안 마실 양 중에서 절반 정도 아껴두었다가 모임에 나갔을 때 실컷 마셔도 된다.

다만 일반적으로 여성은 남성보다 간이 작고 알코올의 처리 능력도 부족한데, 여성호르몬이 알코올의 처리 능력을 떨어뜨리는 마이너스 요인이라고 한다. 세계 각국의 1일 음주 허용량(오른쪽 표 참조)을 살펴봐도 대부분의 국가에서 여성은 남성 허용량의 $\frac{2}{3}$에서 절반 정도의 수준이다. 그렇기 때문에 하루 15~30g, 일주일 단위로 환산하였을 때 105~210g이 여성의 기준 주량이라고 생각하면 된다.

알코올 섭취량을 일주일 단위로 관리하자

여성

하루 15~30g
일주일 105~210g

일본의 후생노동성은 여성의 순 알코올 섭취량 기준을 발표하지 않았다. 일반적으로 여성은 남성보다 간이 작고 처리 능력이 떨어지기 때문에 하루 적정 기준치는 15g, 허용 한계는 30g까지이다.

남성

하루 20~40g
일주일 140~280g

남성의 하루치 적정 기준은 20g이고 허용 한계는 40g이다. 일주일로 계산하면 140~280g이 된다. 이 수치를 기준으로 일주일의 알코올 섭취량을 관리하면 휴간일(休肝日)은 필요하지 않다.

알코올 양을 일주일간 허용범위 내로 다스리면 휴간일은 필요하지 않다.

■ 각국의 순 알코올 기준 음주량과 1일 허용량

국가	기준 음주량	1일 허용량	
		남성	여성
호주	10	40	20
오스트리아	10	30	20
캐나다	13.5	13.5	13.5
덴마크	12	36	27
뉴질랜드	10	30	20
영국	8	24~32	16~24
미국	14	28	14

출처: 후생노동성 e-헬스넷

새로운 상식 ⑤ **알코올 분해 능력을 최대로 높이는 방법**

> 당질이 높은 안주는 피하자!

　　간은 '24시간 계속 움직이는 장기'라고 불리며, 생명 유지와 관련된 중요한 일을 담당하고 있다. 간이 주로 하는 일은 소장에서 흡수된 영양소를 에너지로 바꾸는 대사(代謝), 체내에 들어온 유독물질의 해독, 담즙의 생성 등의 일이다.

　안주를 먹으면 영양소로 체내에 흡수되지만, 알코올은 유독물질이다. 그렇다는 건 안주와 함께 술을 마시게 되었을 때 간은 안주의 영양소에 대한 대사 활동과 알코올의 해독을 동시에 하기 때문에 부담이 증가한다는 것이고, 이는 알코올을 분해하는 능력을 최대로 발휘하기가 어렵다는 의미이다.

　알코올과 아세트알데하이드의 분해 처리 과정이 느려지면 이 물질들은 혈액을 따라 몸속으로 퍼지게 된다. 또한 아세트알데하이드는 얼굴 홍조, 구토와 두통, 심장 두근거림까지 '플래싱 반응'이라 불리는 불쾌한 증상을 일으킨다. 알코올의 분해 처리 과정이 다음날까지 넘어간 상태가 흔히 말하는 '숙취'이다.

　하지만 간이 알코올을 분해하는 일에 전념할 수 있도록 만들면 앞에서 말한 안 좋은 상태들은 피하기가 쉽다. 여기서 중요한 것은 당질이 많이 포함된 안주를 피하는 것이다(90쪽 참조). 당질의 대사는 간에 부담을 크게 주기 때문에 이 부담을 없애면 간은 알코올을 분해하는 일에 전념할 수 있게 되고 이것이 결국 좋은 결과로 이어지는 것이다.

간이 담당하는 중요한 일, '당질대사'와 '알코올 분해'

당질대사	알코올 분해(해독)

식사(당질)

↓ 분해

포도당

↓ 저장

글리코겐

**필요에 따라
포도당으로 분해되어
혈액 속으로 방출**

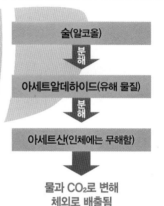

술(알코올)

↓ 분해

아세트알데하이드(유해 물질)

↓ 분해

아세트산(인체에는 무해함)

**물과 CO_2로 변해
체외로 배출됨**

포도당이 모여서 '글리코겐'이란 포도당 덩어리
가 되어 일시적으로 저장한다.
글리코겐은 필요에 따라 다시 포도당으로 분해
되어 혈액 속으로 방출하고 혈당치를 안정시
킨다.

알코올을 아세트알데하이드로 분해한다. 그
리고 아세트알데하이드를 무해한 아세트산으
로 분해하여 최종적으로는 물과 이산화탄소
(CO_2)로 만들어 체외로 배출시킨다.

알코올을 분해하는 데 당질대사가 더해지면
간이 하는 일이 두 배로 늘어나
알코올 분해 능력이 감소한다.

알코올을 분해하는 일에만 전념할 수 있다면
처리 능력을 충분히 발휘할 수 있다.

새로운 상식 ⑥ "술 마시면 살이 찐다."는 말은 거짓말

살이 찌는 건 술 때문이 아니라 '당질' 때문이다

불룩하게 나온 배를 '술배'라고 부르듯이 "술 마시면 살찐다."는 말은 우리에게 상식 같은 이야기다. 맥주 500㎖의 칼로리는 약 200kcal이고 밥 한 공기 칼로리와도 맞먹기 때문에 납득할 만한 이야기이다.

하지만 알코올에 포함된 대부분의 에너지는 단순한 열량으로 방출되기 때문에 체내에 축적되기 어렵다. 그리고 각 나라의 연구에 따르면 알코올 섭취량과 비만은 관련성이 없다고 한다.

그렇다면 왜 술을 자주 마시는 사람은 살이 찐다고 생각하는 걸까? 사실 살이 찌는 원인은 알코올이 아니다. 과일 맛 주류와 같은 달콤한 술, 그리고 함께 먹는 안주, 술 마시고 먹는 라면에 포함된 당질을 너무 많이 섭취하기 때문이다.

당질은 몸을 움직이기 위한 필수 에너지원인 중성지방에 합성되어 혈액 속에 흐르게 된다. 하지만 미처 소비되지 않은 중성지방은 내장지방과 함께 피하지방으로 쌓인다. 과당, 옥수수 시럽과 같이 감미료가 포함된 술을 계속 마시거나, 당질이 듬뿍 포함된 안주를 먹으면 중성지방이 대량 합성되어 비만의 원인이 되는 것이다. 비만이 되지 않기 위한 '올바른 음주법'에 대해서는 제3장에서 자세히 설명하겠다.

알코올 섭취량과 비만은 관련성이 없다

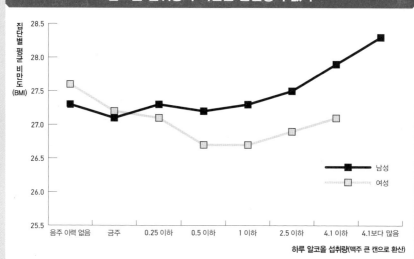

집단별 평균 비만도 (BMI)

남성
여성

음주 이력 없음 / 금주 / 0.25 이하 / 0.5 이하 / 1 이하 / 2.5 이하 / 4.1 이하 / 4.1보다 많음

하루 알코올 섭취량(맥주 큰 캔으로 환산)

출처: Bergmann MM, et al. The association of lifetime alcohol use with measures of abdominal and general adiposity in a large-scale European cohort . Eur J Clin Nutr, 2011 Oct;65(10):1079-87.

· 하루 섭취량을 맥주 큰 캔(담색 맥주: 633㎖ 알코올 함유량 3.7g/100g, 밀도 1,008g/㎖)의 개수로 표시함.
· 서유럽 6개국에서 실시한 공동 연구(조사 대상 연령 25~70세 남성 9만 7,666명, 여성 15만 8,796명)
· 연령, 교육년수, 신체활동, 흡연 습관, 술 이외의 음식물 에너지 섭취량, 그 외 결과에 미칠 가능성 있는 영향은 통계학적으로 조정이 완료됨.

지방이 쌓이는 구조

식사

당질과 지질로
중성지방을 합성

몸을 움직이는
에너지로 소비된다.

에너지로 사용되지 못한 혈중
중성지방이 남으면!

내장지방과 피하지방으로 변해
축적된다.

"술 마시면 살이 찐다"는 말은 거짓말

 새로운 상식 ⑦

입속 환경과 간은 서로 연관이 있다

치주병균은 간에도 악영향을 준다

입속에 생기는 병인 '치주병'과 간과 관련이 있는 '당뇨병'. 언뜻 보았을 때 전혀 관계가 없어 보이는 두 질병이지만 최근 연구를 통해 치주병균도 인슐린 저항성과 관계가 깊다는 사실이 알려졌다.

'인슐린 저항성'이란 인슐린의 감수성(感受性)이 저하하여 계속 혈당치가 상승한 상태에서 머물러 있는 것을 가리킨다. 또한 치주병균에 의해 잇몸에서 출혈이 발생하면 치주병균이 혈관을 타고 들어가는데 이것이 원인이 되어 인슐린의 효력이 떨어진다.

또한 음식물과 함께 들어간 치주병균이 간까지 도달하여 간에 무리를 준다는 연구도 있다. 치주병균에 독성이 많기 때문에 간은 이를 해독하기 위해 필사적으로 움직인다. 그 과정에서 간이 피해를 보게 되는 것이다.

한편 당뇨병이 치주병을 유발한다는 사실도 알려졌다. 당뇨병에 의해 혈관이 약해져 혈액순환이 나빠지면 신체 저항력도 나빠져 치주병균에 감염되기 쉬워진다.

치주병균과 당뇨병의 관계는 악순환의 고리가 계속되는 관계인 것이다. 악순환의 고리를 끊기 위해서는 구강건강이 너무나 중요하다. 매일 양치질을 꼼꼼하게 하고 치주병에 걸리지 않도록 신중하게 주의를 기울여야 한다.

당뇨병에 걸린 사람은
치주병에 걸리기 쉽고
중증화되기 쉽다.

치주병

치주병균에 감염되기 쉽다.

치주병균의 내독소와
염증 관련 물질이 추가된다.

신체 저항력이 약해진다.

혈액 중에 TNF-α(종양괴사인자 중
하나)가 추가된다.

혈액순환이 잘 안 된다.

인슐린의 효력이 떨어진다.

혈관이 나빠진다.

치주병을 가지고 있는 사람은
당뇨병 치료가 어려워질 수 있다.

당뇨병

치주병균이 음식물과 함께
섞여 들어간다.

치주병균의 일부가 장에서
흡수되어 간에 도달한다.

치주병균 해독을 위해
간이 무리를 한다.

입속 환경과 건강 서로 얽혀 있다

새로운 상식 ⑧ 장 건강이 간 건강!

요구르트와 올리브오일로 간을 건강하게!

최근 화제가 되고 있는 장내 플로라(Flora)에 대해 알고 있는가? 소장 끝에서 대장에 이르기까지 1,000조 개가 넘는 장내세균이 살고 있는데, 같은 종류의 세균이 모여 있는 모양이 마치 꽃밭을 닮았다고 하여 '장내 플로라'라 부르게 되었다.

장내세균은 유익균, 중간균, 유해균 세 종류로 구별할 수 있다. 여기서 '중간균'이란 유익균과 유해균 중 우세한 쪽으로 기우는 성질을 가진 균이다.

우리는 장내세균 중에서 유익균만 가지고 있으면 된다고 생각하지만 장내세균의 이상적인 비율은 '유익균 2 : 중간균 7 : 유해균 1'이다.

이 밸런스가 무너지면 장내 환경이 악화되고 장내에서 부패가 진행되어 암모니아, 페놀, 인돌과 같은 유해 물질이 발생한다. 그리고 그중 일부는 대장으로 흡수되어 간으로 옮겨진다. 간은 흡수된 유해 물질을 해독하는데 그 영향으로 간이 손상된다.

장내 환경을 잘 정비하기 위해서는 충분한 식이섬유 섭취가 필요하다. 또한 유익균의 종류인 비피두스균의 보급이 필요한데, 비피두스균을 늘리는 유산균이 포함된 요구르트와 올레산(Oleic acid)이 많이 포함된 올리브오일의 섭취도 장내 환경을 정비하는 데 효과가 있다.

스트레스와 운동 부족, 불규칙한 생활은 유해균을 늘려주기 때문에 주의해야 한다.

장내 환경이 악화되면 간에도 악영향을 끼친다

유익균

- 비피두스균
- 유산균
- 장구균(Enterococcus)

중간균

- 박테로이데스(Bacteroides)
- 대장균(비병원성)
- 유박테리움(Eubacterium)

유해균

- 웰치균
- 대장균(병원성)
- 박테로이드 프라질리스
  (B.fragilis)

<h1 style="text-align:center">2 : 7 : 1</h1>

이상적인 장내 밸런스

밸런스가 유지되어
유익균이 우세할 때

밸런스가 무너져
유해균이 우세할 때

유해 물질이 발생하지 않아
간에 부담을 주지 않는다.

유해 물질의 일부가 간으로 운반되어
간에 부담을 주기도 한다.

새로운 상식 ⑨ # 질 좋은 수면이 간을 회복시키는 최고의 열쇠

수면으로 자율신경을 조절한다

알코올을 분해하는 효소는 자율신경에 의해 분비가 촉진된다. 자율신경은 활동할 때나 흥분된 상황에서 우세해지는 교감신경과 수면 중이거나 편안한 상황에서 우세해지는 부교감신경으로 이루어져 있다. 그리고 자율신경을 조절하는 센서는 시신경 근처에 있는데, 낮과 밤의 리듬에 맞춰 교감신경과 부교감신경으로 전환할 수 있도록 되어 있다.

자율신경은 자신의 의지대로 조절하지는 못하지만, 아침에 일어나서 밤에 잠들 때까지 본래의 리듬에 맞춰 생활하면 정상적으로 움직인다. 즉, 규칙적인 생활은 알코올 분해 효소의 분비가 정상적으로 이루어지게 만든다.

또한 질 좋은 수면은 간을 충분히 쉬게 할 수 있다. 이를 위해서는 잠이 들 때 수면의 깊이가 '논렘수면'이라는 상태로 들어가야 한다.

하지만 자율신경이 흐트러져 있으면 자려고 해도 교감신경이 활동하게 되어 잠들지 못하게 된다.

질 좋은 수면을 위해서는 잠들기 1시간 전에 38~40도의 따뜻한 물에서 15분 정도 목욕을 하면 잘 때 딱 좋은 체온이 된다. 또한 가벼운 운동이나 아로마 향을 피우는 것도 효과가 있다. 단, 자기 전 음주는 금지다. 그 이유는 다음 장에서 살펴보겠다.

수면의 효과

- 혈압을 낮춘다.
- 장기를 쉬게 한다(간의 휴식).
- 자율신경의 밸런스가 좋아진다.

질 좋은 수면으로 간도 건강하게!

수면이 간에 주는 효과는 두 가지이다. 하나는 간의 활동을 저하시켜 쉬게 하는 것. 또 한 가지는 자율신경의 밸런스를 좋게 만들어서 알코올 분해 효소의 분비를 촉진하는 것이다. 매일 잠을 잘 잘 수 있도록 노력하자.

논렘수면과 렘수면

논렘수면

- 깊은 수면
- 안구가 멈추어있다.
- 뇌와 장기는 가사 상태이다.

90분마다 서로 바뀌는 것이 이상적인 패턴이다.

렘수면

- 비교적 얕은 수면
- 안구가 빠르게 움직인다.
- 꿈을 꾼다.

잠이 들 때 논렘수면에 들어가 숙면 취하기

가벼운 체조

아로마 향

목욕

논렘수면 상태로 들어가 90분 후에 렘수면, 그리고 다시 90분 후에는 논렘수면 상태로 계속 바뀌는 패턴이 이상적인 수면 패턴이다.
목욕과 아로마 향, 가벼운 체조로 몸을 편안하게 만들자.

새로운 상식 ⑩

건강검진에서 간 수치를 바르게 보는 법

수치가 악화되기 시작하면 반드시 주의하자!

건강검진에서 간의 상태를 파악하는 항목으로 'γ-GTP(감마지티피)'가 대표적이다. γ-GTP는 지나친 음주로 인해 수치가 악화되기 쉽다. 그래서 술을 좋아하는 사람 중에서는 건강검진 결과가 나왔을 때 제일 먼저 γ-GTP 수치를 체크하는 사람도 많을 것이다.

왜 술을 많이 마시면 γ-GTP 수치가 올라가는 것일까? 그 구조는 다음과 같다.

지나친 음주로 간에 부담이 커지면 간세포가 파괴된다. 일반적으로 간세포는 자연스럽게 재생되지만, 간에서 부담이 큰 상태가 지속되면 파괴된 상태의 간세포가 늘어난다. 그러면 간세포에 포함된 γ-GTP가 혈액 속으로 새어나오고 수치가 악화되는 것이다.

반대로 말하자면 γ-GTP 수치가 악화되지만 않는다면 술은 얼마든지 마셔도 문제가 없다고 할 수 있다. 단, 수치가 조금이라도 악화한다면 반드시 주의해야 한다.

또한 'ALT'와 'AST'라는 단백질 대사와 관련된 수치도 간의 상태를 측정하는 지표가 된다. 간에 지방이 쌓여 지방간이 생기면 간세포는 염증을 일으키게 되고 여기서 악화되면 간이 괴사하기도 한다.

그렇게 되면 ALT와 AST가 혈액 속으로 새어 나온다. 즉, 이 두 가지 수치가 높은 경우에는 지방간이 원인이 되어 염증이 진행되고 있다고 생각할 수 있으므로 이 두 가지 수치도 반드시 체크해야 한다.

특히 주의해서 봐야 할 혈액검사 수치 ① 간 관련 검사 항목

■ 간 관련 검사 주요 항목

검사 항목	기준치	이상적 수치	설명
ALT (GPT)	10~30IU/ℓ	5~16IU/ℓ	지나친 당질 섭취로 인해 간세포에 이상이 생기면 수치가 늘어나게 된다. 16을 넘으면 지방간이 시작될 가능성이 있고 이 수치와 더불어 AST 수치도 16을 넘었다면 이미 지방간으로 진행했을 가능성이 높다.
AST (GOT)	10~30IU/ℓ	5~16IU/ℓ	간세포가 파괴되었을 때 방출되어 수치가 16을 넘으면 지방간이 시작될 가능성이 있다. ALT 수치보다 높으면 과음, 낮으면 지나친 당질 섭취를 의심할 수 있다.
γ-GTP	남성 79IU/ℓ 이하 여성 48IU/ℓ 이하	남성 10~50IU/ℓ 이하 여성 10~30IU/ℓ 이하	알코올성 간 장애나 지나친 당질 섭취로 지방간이 생기거나 담도에 이상이 있는 경우 수치가 상승한다. 이상적인 수치는 남성 50, 여성 30이고, 이 수치를 넘기면 알코올성 지방간을 의심할 수 있다.
알부민	3.7~5.5g/dℓ	4.5g/dℓ 이상	아미노산을 운반하는 역할을 하는 혈액 속에 포함된 단백질이다. 수치가 낮으면 근육이나 혈관을 만들 수 없고 중성지방을 연소하는 힘이 부족한 것이다.

생활습관병과 지방간 예방을 위한 '이상적인 수치'

기준치는 일반적으로 그 범위 안에 속해 있다면 문제없다고 판단하는 수치이고, 이상적 수치는 생활습관병이나 지방간을 예방하기 위해서 범위 안에 속해 있으면 좋은 수치이다. 수치가 이상적 수치를 넘어섰다고 해서 병에 걸린 건 아니지만 질병에 걸릴 위험도 있으므로 주의를 해야 한다.

■ 지질대사계 검사 주요 항목

검사 항목	기준치	설명
총콜레스테롤 (T-Cho)	0~240mg/dℓ	세포벽과 혈관벽, 담즙산의 원료가 되는 혈액 속 주요 지방이다. 수치가 기준치보다 높은 경우는 고지혈증, 당뇨병과 같은 질병에 걸릴 수 있다. 반대로 수치가 낮은 경우에는 간경변이나 전격성 간염과 같이 간질환을 의심할 수 있다.
LDL콜레스테롤 (LDL_C)	0~130mg/dℓ	간에서 만들어진 콜레스테롤을 몸 전체에 운반하는 역할을 담당한다. 수치가 많이 높아지면 동맥경화를 일으켜서 심근경색과 뇌경색이 생길 수 있기 때문에 '나쁜 콜레스테롤'이라고 불린다.
HDL콜레스테롤 (HDL-C)	남성 35~55mg/dℓ 여성 45~65mg/dℓ	높아진 콜레스테롤 수치를 회복시키고 혈관벽에 침착된 콜레스테롤을 제거하여 간으로 보내고 분해한다. 동맥경화를 예방한다고 하여 '좋은 콜레스테롤'이라 불린다.
중성지방 (TG/트리글리세라이드)	0~200mg/dℓ	체지방의 대부분을 차지하는 물질로 흔히 '지방'이라고 부르는 물질. 주요 에너지원이지만 너무 많이 늘어나면 비만의 원인이 되고 생활습관병을 일으킨다.

이상지질혈증 판단 기준

- LDL콜레스테롤 수치 130mg/dℓ 이상 → 고 LDL 콜레스테롤 혈증
- HDL콜레스테롤 수치 35~40mg/dℓ 미만 → 저 HDL 콜레스테롤 혈증
- 중성지방 수치 200mg/dℓ 이상 → 고중성지방혈증

동맥경화를 일으키는 위험한 '이상지질혈증'

콜레스테롤이나 중성지방과 같은 지질대사에 이상이 생기고 혈액 속에 포함된 수치들이 기준치를 벗어났을 때 '이상지질혈증(=고지혈증)'으로 판정한다. 알코올성 지방간과 밀접한 관계가 있고 동맥경화를 일으키는 위험인자이다. 방치하면 뇌경색이나 심근경색과 같이 중증 동맥경화성 질환을 일으키는 원인이 되기 때문에 조기 치료가 필요하다.

특히 주의해서 봐야 할 혈액검사 수치 ③ 혈압과 당 체질 관련 검사 항목

■ 혈압 관련 체크포인트

검사 항목	기준치
수축기(최고)	~129mmHg
이완기(최저)	~84mmHg

고혈압 판단 기준

- ●수축기 혈압 140mmHg 이상
- ●이완기 혈압 90mmHg 이상

■ 당 체질 관련 주요 항목

검사 항목	기준치	설명
혈당치 (FPG)	70~99mg/dℓ (공복일 때)	공복일 때 혈액에 포함된 포도당(glucose) 농도를 말한다. 혈당치가 필요 이상으로 상승하여 다시 낮아지지 않는 상태를 '고혈당'이라고 한다. 고혈당이 오래 지속되면 혈관에 상처가 생기고 동맥경화를 일으켜 당뇨병과 같은 여러 질병을 유발한다.
HbA1c (NGSP)	5.7% 이하	적혈구 속 헤모글로빈A(HbA)에 포도당(glucose)이 결합한 것을 말한다. 음식 섭취나 운동량, 스트레스 등으로 인한 변동이 없기 때문에 과거 1~3개월간 평균 혈당치를 평가하는 데 이용된다.

당뇨병 판단 기준

- ●공복 시 혈당치가 126mg/dℓ 이상
- ●HbA1c(당화혈색소)가 6.5% 이상

'고혈압'과 '당뇨병'의 조짐을 놓치지 않도록 주의!

'고혈압'은 말 그대로 혈압이 높아진 병이다. 한국인 약 405만 명(2018년 대한 당뇨병 연합회를 기준 – 역자)이 이 병에 해당할 정도로 생활습관병의 대표격이며, 뇌졸중이나 심장병의 위험을 키운다. '당뇨병'은 고혈당 상태가 만성적으로 지속되는 병이다. 망막증, 신증, 신경장애와 같은 3대 합병증 외에도 동맥경화를 진행시키기도 한다. 또한 고혈압과 마찬가지로 심장병과 뇌졸중의 위험도 커진다.

건강검진에서 각 수치를 바르게 보는 법

몸무게가 많이 나갈수록 알코올 처리 능력이 뛰어나다!

본인의 주량은 유전자가 결정한다는 사실은 이미 앞에서 이야기한 바 있다. 그런데 몸무게도 주량을 결정하는 데 영향을 준다고 한다. 왜냐하면 몸무게가 많이 나가는 사람은 간도 크고 알코올 분해 효소를 분비하는 능력도 높기 때문이다.

의학적으로 1시간 동안 처리할 수 있는 알코올 양은 '체중 1kg당 0.1g'이다. 즉 몸무게가 60kg인 사람은 1시간 동안 6g의 알코올을 처리할 수 있고, 몸무게가 60kg보다 1.5배 더 많이 나가는 90kg의 사람은 1시간 동안 9g을 처리할 수 있다. 처리 능력도 1.5배 높아지는 것이다.

예를 들어 맥주 500㎖에 들어간 알코올 20g을 섭취했을 때 몸무게 60kg인 사람은 약 3시간 20분이 걸리지만 90kg인 사람은 약 2시간 13분이 걸린다.

'1시간당 알코올 처리 능력은 본인 체중 숫자의 10분의 1g'이라는 규칙을 기억해 두면 자는 시간에서 역으로 몇 시까지 몇 그램 마실 수 있는지 계산할 수 있으니 도움이 될 것이다.

같은 양을 마셔도 체중에 따라 알코올 처리 시간에도 큰 차이가 있다!

1시간 동안 처리할 수 있는 알코올 양

$60_{(kg)} \times 0.1 = 6_{(g)}$

20g의 알코올을 처리하는 시간

$20 \div 6 = 3.33$

= 약 3시간 20분

체중 60kg

1시간 동안 처리할 수 있는 알코올 양

$90_{(kg)} \times 0.1 = 9_{(g)}$

20g의 알코올을 처리하는 시간

$20 \div 9 = 2.22$

= 약 2시간 13분

체중 90kg

제 **2** 장

건강에도 좋고 간에도 좋은
술 선택법

01 술에는 '양조주'와 '증류주'가 있다

양쪽 모두 효능은 뛰어나다!

술은 크게 '양조주'와 '증류주'로 나뉜다.

양조주는 과일이나 곡물을 효모에 의해 알코올 발효시킨 술로 맥주나 사케, 와인 등이 이에 해당한다. 당질이 포함되었기 때문에 과음하면 중성지방이 증가할 수 있지만 적당량을 지키면서 마시면 건강에 좋은 효과를 기대할 수 있다.

맥주의 원재료인 홉에는 치매나 생활습관병을 예방하는 효과가 있고, 사케에 포함된 아미노산에는 근육과 간 기능, 면역 기능을 강화하는 효과가 있다. 또한 레드와인에 포함된 풍부한 폴리페놀은 시력 저하나 안정 피로*의 개선과 더불어 노화와 암의 예방에 효과가 있다. 이처럼 양조주에는 건강에 좋은 효과를 기대할 수 있는 물질이 들어있다.

증류주는 양조주 등을 가열하여 알코올을 기화시킨 후 그 증기를 모아 냉각시켜 만든 술로 소주, 보드카, 위스키 등이 여기에 해당한다. 증류주의 최대 매력은 증류하는 과정에서 불순물이 걸러져 당질을 전혀 포함하지 않는다는 점이다. 그래서 지방간이 걱정되거나 다이어트를 할 때 가장 알맞은 술이라 할 수 있다. 또한 증류식 소주는 혈관 내에 혈액 응고를 막아주고 혈액순환이 잘 되도록 돕는 효과가 있기 때문에 양조주와는 다른 효과를 기대할 수 있다. 다만 소주나 위스키와 같이 알코올 도수가 높은 술이 많기 때문에 과음은 금지다.

---

* **眼精疲労**, 정상적인 사람보다 빨리 눈의 피로를 느끼는 상태 – 역자주

양조주와 증류주의 차이

양조주

과일이나 곡물을 효모에 의해 알코올 발효시킨 술

맥주 · 발포주　　　　사케　　　　　　와인

증류주

양조주 등을 가열하여 기화시킨 다음 그 증기를 응축시킨 술

소주　　　　　보드카　　　　위스키

양조주의 매력

맥주 · 발포주

홉의 효능

치매, 생활습관병(동맥경화, 고혈압, 당뇨병, 암 등), 골다공증, 갱년기 장애 예방에 효과가 있다. (상세한 내용은 38쪽 참고)

사케

아미노산의 효능

근육이나 간 기능, 면역 기능 강화, 성장호르몬 분비 촉진, 생활습관병(동맥경화, 당뇨병, 심장병 등) 개선에 도움이 된다. (상세한 내용은 42쪽 참고)

레드와인

폴리페놀의 효능

노화, 동맥경화, 암 등을 예방하고 시력 저하나 안정 피로 개선, 뇌장애 예방에 효과가 있다. (상세한 내용은 50쪽 참고)

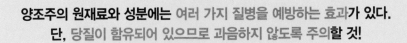

양조주의 원재료와 성분에는 여러 가지 질병을 예방하는 효과가 있다.
단, 당질이 함유되어 있으므로 과음하지 않도록 주의할 것!

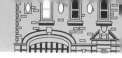

증류주의 매력

**증류식
소주**

증류식 소주가 가지고 있는 효능

'당질 제로'라는 장점과 혈관 속의 우로키나아제 분비를 촉진한다. 혈관 속 혈전을 막아주고 혈액순환을 도와준다. 또한 좋은 콜레스테롤 성분을 늘려 동맥경화를 예방한다. (상세한 내용은 46쪽 참고)

보드카

증류주의 효능

비만의 원인인 내장지방을 생성하는 당질이 포함되어 있지 않기 때문에 양조주보다 지방간에 대한 위험이 줄어든다. (상세한 내용은 54쪽 참고)

위스키

다이어트에 최적!

**증류 방식으로 불순물이 걸러지기 때문에 당질이 없다.
따라서 지방간에 대한 위험이 없으므로 다이어트할 때도 추천!**

술에는 '양조주'와 '증류주'가 있다

02 맥주와 발포주를 고르는 법

쓴 맥주일수록 건강에 좋다

건강을 위해 노력하는 사람이라도 통풍이나 술배 때문에 피하게 되는 술이 맥주나 발포주이다. 하지만 여기에는 건강에 좋은 원재료가 포함되어 있다.

그 재료는 바로 홉이다. 홉은 맥주류의 쓴맛과 향기를 담당하는 식물로 맥주류는 모두 맥아, 홉, 물로 만든다(발포주는 그 외에 여러 가지 원재료를 사용한다). 재료 중에서도 홉은 효능이 가장 좋다고 알려져 있다.

사실 홉에는 뇌 속 염증을 완화하여 치매를 예방하는 '아이소알파산', 동맥경화나 고혈압과 같은 여러 생활습관병을 예방해 주는 '폴리페놀'이 많이 들어 있다. 그뿐만 아니라 골다공증이나 갱년기 장애 예방에 도움이 되는 '피토에스트로겐'이라는 성분이 포함되어 있다.

이렇게 여러 증상을 예방하는 홉을 더욱 효율적으로 섭취하기 위해 기억해야 할 것은 'IBU'라는 단위이다. IBU는 맥주의 쓴맛을 나타내는 국제적으로 사용되는 단위이며, 일반적으로 홉이 많을수록 IBU 수치가 높아진다(맥아량에 따라 달라질 수도 있다). 즉 IBU 수치가 높은 맥주를 고르면 보다 건강에 좋은 효과를 기대할 수 있다. 덧붙여서 IBU가 특히 높고 대중적인 맥주는 '인디아 페일 에일(IPA)'이다.

맥주의 원재료

맥아 · 홉

맥주의 정의

- 맥아 비율이 50% 이상
- 부원료의 중량 합계가 사용하는 맥아 무게의 5% 이내

발포주의 원재료

맥아 · 홉 · 옥수수 · 보리 · 당류

발포주의 정의

- 맥아 비율이 50% 미만
- 맥아 비율이 50% 이상일 경우에는, 일반적으로 맥주에서 사용할 수 없는 부재료가 사용되는 경우 또는 부재료가 규정량을 넘은 경우

■ 일반적인 맥주와 발포주의 성분표

성분(kcal 또는 g/100g)	담색 맥주(페일맥주)	흑맥주	스타우트 맥주	발포주
칼로리(kcal)	40	46	63	45
단백질	0.3	0.4	0.5	0.1
아미노산 조성에 의한 단백질	0.2	–	–	–
지방	0	Tr	Tr	0
탄수화물(당질+식이섬유)	3.1	3.6	4.9	3.6
알코올	3.7	4.2	5.9	4.2

※ 'Tr'은 성분이 포함되어 있지만 최소 기재량을 넘지 못할 경우를 가리킨다.
※ '–'은 미측정을 가리킨다.

출처: 일본식품기준성분표 2015년판

맥주의 원재료인 홉의 다양한 효능

홉에 포함된 성분의 주요 효과

· 아이소알파산 · 폴리페놀 · 피토에스트로겐

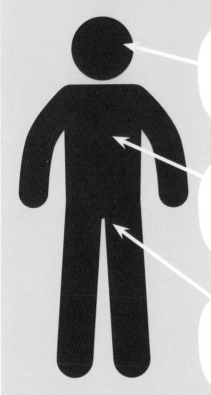

아이소알파산(iso−α−acid)

뇌 속 염증 완화와 노폐물 침착을 억제하는 효과가 있어 인지기능 개선을 기대할 수 있고 치매 예방에도 도움이 된다.

폴리페놀

뛰어난 항산화 작용을 하는 폴리페놀은 동맥경화와 고혈압, 당뇨병, 암 등 여러 가지 생활습관병 예방에 도움이 된다.

피토에스트로겐

골다공증과 갱년기 장애 예방에 도움이 된다. 여성호르몬과 비슷한 작용을 하여 피부의 노화를 예방하는 효과가 있다.

맥주(홉)에는 치매, 골다공증, 갱년기 장애, 생활습관병 예방 효과와 피부 노화를 방지하는 효과가 있다.

건강해질 수 있는 홉의 양은 IBU로 판단!

'IBU'란 맥주의 쓴맛을 나타내는 국제적 단위이다. 일반적으로 원재료의 홉의 양이 많을수록 쓴맛이 증가하고 IBU도 높다.

IBU가 높다 = 홉의 양이 많다

IBU가 낮은 맥주보다 더 많은 효능을 기대할 수 있지만 알코올 도수도 높아지기 때문에 과음하지 않도록 주의할 것.

맥주의 분류

하면 발효

하면 발효 효모(라거 효모)를 사용하여 10℃ 전후 또는 저온에서 발효시키는 방법

【하면 발효 맥주의 예】

- 필스너
- 보크 비어(Bockbier)
- 도르트문트(Dortmunt)

상면 발효

상면 발효 효모(에일 효모)를 사용하여 20℃ 전후 또는 상온에서 발효시키는 방법

【상면 발효 맥주의 예】

- 스타우트
- 바이젠(Weizen)
- 페일 에일
- 인디아 페일 에일(IPA)

자연 발효

'야생효모'라 불리고 배양관리를 받지 않은 효모를 사용하여 자연 발효시키는 방법

【자연 발효 맥주의 예】

- 람빅(Lambic)
- 크바스
- 이와테 쿠라맥주

IBU가 높은 대중적인 맥주는 인디아 페일 에일 (IPA), IPA를 마시고 여러 가지 증상을 예방하자!

41

맥주의 발포주를 고르는 법

03 사케 고르는 법

주류 중에서 아미노산 함유량이 최상위권

사케는 물, 쌀, 누룩을 사용하여 만든 준마이슈(純米酒)와 양조용 알코올을 첨가하여 만든 혼죠조슈(本醸造酒)로 나뉜다. 각각 정미 비율(정미하고 남은 쌀의 비율)과 원료의 차이, 발효 온도에 따른 향기와 맛이 크게 변화하는 점이 특징이다. 준마이 다이긴죠슈(純米大吟醸酒)와 다이긴죠슈(大吟醸酒) 등 여러 사케가 있고, 자신의 취향에 맞는 향과 맛을 찾을 수 있다는 점도 사케의 매력이다.

게다가 사케에는 120종류 이상의 영양 성분이 포함되어 있는데 그중에서도 특히 중요한 것이 '아미노산'이다. 아미노산은 인간이 살아가는 데 꼭 필요한 단백질을 구성하는 성분으로 약 20종류가 있으며 피로회복, 근육과 간 기능 강화, 뇌 활성화, 피부미용 효과 등 매력적인 효능이 있다. 사케에는 이러한 기능을 하는 아미노산이 많이 포함되어 있다. 덧붙여서 많은 사케 중에서도 특히 아미노산의 함유량이 많은 종류가 '준마이슈'이다.

사케의 좋은 점은 이뿐만이 아니다. 어느 연구에서 사케 100㎖를 2.5㎖로 진공 농축시켜서 그 액체를 방광암, 전립선암, 자궁암 세포에 주입해 24시간 배양하였는데 그 결과 64배 희석한 시료에서는 90%의 암세포가 사멸되었고 128배로 희석한 시료에서는 50%의 암세포가 사멸되었다. 이 연구결과로 사케는 풍부한 건강 효능과 더불어 암세포 증식을 억제하는 효과가 있다는 사실을 알게 되었다.

일반적인 사케의 원료와 성분

준마이슈의 원료

물 · 쌀 · 쌀누룩

준마이슈의 종류

- 준마이 다이긴죠슈 (정미 비율 50% 이하의 쌀, 쌀누룩, 물+저온 발효)
- 준마이 긴죠슈 (정미 비율 60% 이하의 쌀, 쌀누룩, 물+저온 발효)
- 특별 준마이슈 (정미 비율 60% 이하의 쌀, 쌀누룩, 물)
- 준마이슈 (정미 비율 조건 없음)

혼죠조슈의 원료

물 · 쌀 · 쌀누룩 · 양조용 알코올

혼죠조슈의 종류

- 다이긴죠슈 (정미 비율 50% 이하의 쌀, 쌀누룩, 물, 양조용 알코올)
- 긴죠슈 (정미 비율 60% 이하의 쌀, 쌀누룩, 물, 양조용 알코올 + 저온 발효)
- 특별 혼죠조슈 (정미 비율 60% 이하의 쌀, 쌀누룩, 물, 양조용 알코올)
- 혼죠조슈 (정미 비율 70% 이하의 쌀, 쌀누룩, 양조용 알코올)

※ 정미 비율: 정미하고 남은 쌀의 비율

■ 일반적인 사케의 성분표

성분(Kcal 또는 g/100g)	보통주(후츠슈)	준마이슈	혼죠조슈	긴죠슈	준마이긴죠슈
칼로리(kcal)	109	103	107	104	103
단백질	0.4	0.4	0.4	0.3	0.4
아미노산 조성에 의한 단백질	0.3	-	-	-	-
지질	Tr	Tr	0	0	0
탄수화물(당질+식이섬유)	4.9	3.6	4.5	3.6	4.1
알코올	12.3	12.3	12.3	12.5	12

※ 'Tr'은 성분이 포함되어 있지만 최소 기재량을 넘지 못할 경우를 가리킨다.
※ '-'은 미측정을 가리킨다.

출처: 일본식품기준성분표 2015년판

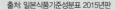

사케 고르는 법

사케에 포함된 아미노산의 주요 작용

아스파라긴산
피로회복 효과

알라닌
활동 시 에너지원이 되며
면역 기능을 강화

트레오닌
간 기능 강화와 피부미용 효과

아르기닌
면역 기능과 생리 기능을 활발하게 하여
성장호르몬 분비 촉진

타이로신
스트레스에 대한 내성 높임

글리신
색소 성분의 생성과 수면 개선

페닐알라닌
기억 능력 강화와
마음을 안정시키는 효과

글루탐산
뇌 활성화 촉진

라이신
피로회복과 칼슘 흡수능력을 강화

시스테인
주근깨와 기미와 같은
피부 트러블을 억제

류신
근육과 간 기능 강화

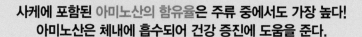

사케에 포함된 아미노산의 함유율은 주류 중에서도 가장 높다!
아미노산은 체내에 흡수되어 건강 증진에 도움을 준다.

출처: 아이치 산업과학기술종합센터 식품공업기술센터

암도 예방하는 사케

사케로 암 예방 효과를 실증한 실험

1 초 농밀한 사케 준비

사케 100㎖를 2.5㎖로 진공 농축한 액체
를 만든다.

2 3가지 암세포에 진공 농축시킨 액체 투여

진공 농축한 사케를 3가지 암세포에 넣고 24시간 배양한다.

방광암세포   전립선암세포   자궁암세포

3 암세포가 사멸된 것 확인

64배로 희석한 시료에서는 90%의 암세포가 사멸
되었고 128배 희석한 시료에서는 50%의 암세포가
위축 또는 사멸되었다.

사케에는 암세포를 억제하는 힘이 있다는 것이 입증되었다.

04 소주 고르는 법

마신다면 당질 제로이면서 혈액순환이 잘 되는 증류식 소주로!

소주에는 주로 희석식 소주*와 증류식 소주 두 종류가 있다. 잡곡과 같은 곡물을 원료로 한 희석식 소주는 하나의 증류기 안에서 증류를 여러 번 반복하는 '연속식 증류법'을 사용한다. 희석식 소주와 같이 대량으로 생산하는 소주는 사워 등에 사용되는 무색무취의 소주이다. 그리고 증류식 소주와 블렌딩한 '희석식증류식 혼합소주'라는 것도 있다.

이와 반대로 쌀과 보리, 감자나 고구마 등을 원료로 한 증류식 소주는 증류기 안에서 한 번만 증류하는 '단식 증류법'으로 제조하여 만든다. 증류식 소주는 한 번만 증류하기 때문에 연속식 증류법과 같이 대량생산이 어렵다. 또한 원재료의 짙은 풍미를 즐길 수 있기 때문에 '본격 소주'라고도 불린다.

증류식 소주를 마시면 혈관 내에서 't-PA(조직플라스미노겐활성제)'와 '우로키나아제(Urokinase)'와 같은 효소가 분비되어 '플라스민'이라는 단백질 분해 효소가 만들어진다. 이 단백질 분해 효소는 혈관에서 혈전을 분해하여 녹이는 힘이 있고 혈액순환이 잘 되도록 도와준다. 더욱이 증류식 소주는 착한 콜레스테롤을 증가시켜 혈관에 붙은 기름을 제거하는 활동도 한다. 이런 효과는 희석식 소주나 희석식증류식 혼합소주에서는 거의 보기 어렵다. 더불어 고구마 소주와 아와모리(오키나와 전통 소주)의 경우 마시지 않고 향을 맡는 것만으로도 t-PA와 우로키나아제의 분비를 촉진시킨다는 사실도 밝혀졌다.

---

* 한국에서 초록색 병에 나오는 '처음처럼', '참이슬'과 같은 소주는 희석식 소주이고, '화요', '일품진로'와 같은 술이 증류식 소주이다. – 역자주

일반적인 소주의 원재료와 성분

희석식 소주의 원재료

잡곡과 같은 곡물 · 누룩 · 물

희석식 소주의 특징

하나의 증류기에서 증류를 여러 번 반복하는 연속식 증류법을 통해 얻은 주정에 물을 섞어 만든 소주로 대량 생산할 수 있다. 증류식 소주와 블렌딩한 희석식증류식 혼합소주도 있다.

증류식 소주의 원재료

쌀 · 보리 · 감자나 고구마 등 · 누룩 · 물

증류식 소주의 특징

증류기 안에서 한 번만 증류하는 '단식 증류법'을 사용하여 제조하는 소주이다. 한 번밖에 증류할 수 없기 때문에 연속식 증류법과 같은 대량생산은 어렵다. 또한 원재료의 진한 풍미를 즐길 수 있기 때문에 '본격 소주'라고도 불린다.

■ 일반적인 소주의 성분표

성분(Kcal 또는 g/100g)	연속식 증류 소주(희석식)	단식 증류 소주(증류식)
칼로리(kcal)	206	146
단백질	0	0
아미노산 조성에 의한 단백질	–	–
지질	0	0
탄수화물(당질 + 식이섬유)	0	0
알코올	29	20.5

※ 'Tr'은 성분이 포함되어 있지만 최소 기재량을 넘지 못할 경우를 가리킨다.
※ '–'은 미측정을 가리킨다.

출처: 일본식품기준성분표 2015년판

건강에 효과가 있는 증류식 소주!

증류식 소주를 마신다.

혈관 속에서 't-PA(조직플라스미노겐활성제)'와 '우로키나아제(Urokinase)'와 같은 효소가 분비된다.

활성형의 '플라스민'이라는 단백질 분해 효소가 만들어진다.

단백질 분해 효소가 혈전을 비대화시키는 피브린을 분해하여 혈전을 녹인다.

피의 흐름이 좋아져서 혈액순환이 원활해진다!

좋은 콜레스테롤을 증가시키는 효과도 있다!

증류식 소주에는 혈액순환을 원활하게 만들어 혈관 속 지방을 제거해주는 좋은 콜레스테롤을 증가시키는 효과도 있다. 덧붙여서 희석식 소주와 희석식증류식 혼합소주는 많이 마셔도 혈전을 막아주는 효과와 혈관 내 지방을 없애주는 효과를 얻을 수 없다.

증류식 소주

혈액순환
개선 효과 OK!

희석식 소주 ·
희석식증류식 혼합소주

혈액순환
개선 효과 NO!

다양한 증류식 소주로 건강해지자!

보리 소주

(주요 원재료)

보리

쌀 소주

(주요 원재료)

쌀

메밀 소주

(주요 원재료)

메밀

흑당 소주

(주요 원재료)

사탕수수에서 얻은 흑설탕

아와모리

(주요 원재료)

인디카 쌀, 흑당

고구마 소주

(주요 원재료)

고구마

**고구마 소주와 아와모리 소주는
향을 맡는 것만으로도 t-PA와 우로키나아제의 분비를 촉진하여
혈액순환이 개선되는 효과가 있다!**

마시지 않고 향기만
맡아도 혈액순환 개선
효과가 있다!

05 와인 고르는 법

폴리페놀이 풍부한 레드와인으로 건강하게!

와인에는 레드와인과 화이트 와인이 있는데 이 중 효능이 더 높은 것은 '폴리페놀(Polyphenol)'을 많이 포함하고 있는 레드와인이다. 화이트 와인보다 레드와인에 폴리페놀이 더 많은 이유는 폴리페놀이 풍부한 적포도의 씨와 껍질을 벗기지 않고 포도 열매와 함께 담그기 때문이다.

레드와인에 포함되어 있는 폴리페놀은 매우 강한 항산화 작용을 한다. '항산화 작용'이란 체내 세포를 산화시키는 활성산소를 제거하는 힘을 말한다. 세포막이 산화되어 동맥경화를 일으키거나 우리 몸이 노화되는 것을 막아준다. 게다가 안토시아닌(Anthocyanin)으로 저하된 시력이나 안정 피로를 회복하는 효과도 기대할 수 있다.

와인은 만든 지 얼마 안 된 것보다 이미 숙성된 쪽이 건강에 더 좋다고 한다. 폴리페놀과 같은 성분은 시간을 들여 숙성시켰을 때 같은 성분끼리 결합하여 효과가 상승하는 특징이 있어 화이트 와인도 숙성시킨다면 만든 지 얼마 안 된 레드와인보다 더 좋은 효과를 얻을 수 있다. 맛도 좋고 몸에 더 좋은 효과를 얻기 위해서는 10년 이상 숙성된 레드와인을 추천한다.

더불어 와인 라벨에 기재된 연호(Vintage)는 포도를 수확한 연도이고 와인을 병에 담은 해가 아니며 또한 와인에 따라서는 연호 자체가 쓰여 있지 않을 수도 있다. 이러한 경우 구입할 때 점원에게 확인해 보는 것도 좋다.

일반적인 와인의 원재료와 성분

레드와인의 원재료

적포도

레드와인의 특징

적포도를 터뜨려서 씨, 껍질과 함께 발효시킨 다음 프레스기로 추출한 와인 액체를 걸러낸다. 와인이 붉은 것은 적포도의 껍질에서 붉은색이 스며나오기 때문이다. 또한 씨와 껍질에서는 떫은맛의 타닌 성분이 나온다.

화이트 와인의 원재료

청포도

화이트 와인의 특징

씨앗과 껍질을 벗겨내고 과육만을 발효시킨 다음 프레스기로 추출한 와인 액체를 걸러낸다. 과육으로만 만들기 때문에 색이 없고 떫은맛도 없다. 또한 적포도로도 씨앗과 껍질을 제거하여 화이트 와인을 만들 수 있다.

■ 일반적인 와인의 성분표

성분(Kcal 또는 g/100g)	레드와인	화이트 와인
칼로리(kcal)	73	73
단백질	0.2	0.1
아미노산 조성에 의한 단백질	–	–
지질	Tr	Tr
탄수화물(당질 + 식이섬유)	1.5	2
알코올	9.3	9.1

※ 'Tr'은 성분이 포함되어 있지만 최소 기재량을 넘지 못할 경우를 가리킨다.
※ '–'은 미측정을 가리킨다.

출처: 일본식품기준성분표 2015년판

폴리페놀이 풍부한 레드와인을 추천!

폴리페놀의 종류

안토시아닌

시력 회복과 간 기능 개선 향상 효과

카테킨

활성산소(체내의 세포를 산화시켜
노화나 질병을 일으키는 효소)를 제거하는
활동을 하는 항산화 작용

타닌

살균 효과와 항산화 작용

프로안토시아닌

심장을 보호하는 작용과
동맥경화 억제, 항암 작용

케르세틴

항산화 작용을 하고 동맥경화와
당뇨병 예방에 관여

레스베라트롤

항산화 작용과 더불어 암,
혈관질환, 뇌장애를 예방.
장수 유전자를 활성화시켜 세포 보호

레드와인에 함유된 폴리페놀에는 시력 개선, 노화, 암, 뇌 장애,
동맥경화와 당뇨병 예방과 같은 다양한 효과가 있다.

숙성시킨 레드와인이 최고!

시간이 지나면 유효성분과 결합

와인을 숙성시키면 폴리페놀과 아미노산의 유효성분이 결합하여 건강에 더 좋은 성분으로 변한다. 레드와인과 비교했을 때 폴리페놀 함유량이 적은 화이트 와인도 숙성시키면, 만든 지 얼마 안 된 레드와인보다 더 좋은 효과를 얻을 수 있다. 그리고 원래 폴리페놀을 많이 함유한 레드와인은 숙성되면서 화이트 와인보다 더 좋은 효과를 얻을 수 있다.

53

약 10년이 기준

와인의 효능을 기대할 수 있는 적정 숙성 기간의 기준은 약 10년이다. 덧붙여서 와인병 라벨에 기재된 서기 연도(빈티지)는 포도 수확 연도이고 숙성하기 시작한 연도가 아니라는 점을 주의해야 한다.

와인과 건강

건강 효과 낮음

만든 지 얼마 안 된 화이트 와인

만든 지 얼마 안 된 레드와인

숙성된 화이트 와인

건강 효과 높음

숙성된 레드와인

06 증류주 고르는 법

증류주는 다이어트에 최적!

증류주는 양조주를 증류시켜서 알코올 도수를 더 높인 술로 소주와 위스키 외에도 브랜디, 보드카, 진(Gin), 럼주 등과 같은 종류이다.

옥수수와 감자류, 사과, 사탕수수와 같은 원료를 사용하고 있는데도 중성지방의 원인인 당질과 통풍을 일으키는 푸린체(Purine bodies)가 일절 포함되지 않았다.

당질이나 푸린체가 없는 이유는 증류하는 과정에서 당질과 같은 불순물이 제거되기 때문이다. 지방간의 원인인 당질 섭취를 막아주면서 알코올을 즐길 수 있기 때문에 주당들에게는 그야말로 '꿈과 같은 술'이라고 할 수 있다.

하지만 증류주에도 여러 종류가 있어서 딱히 선호하는 것이 없어 뭘 마시면 좋을지 고민하는 사람도 있을 것이다. 그런 사람에게 추천하고 싶은 술은 위스키에 탄산수를 섞은 '하이볼'이다. 탄산수는 당질이 전혀 없는데다가 탄산으로 인해 포만감이 생기는데 이로 인해 당질 과잉 섭취의 원인인 안주나 요리를 적게 먹을 수 있다. 평소 마시는 술을 하이볼로 바꾸는 것만으로도 당질 관리가 수월해지는 것이다. 하이볼은 '다이어트 중이지만 술은 꼭 마시고 싶은' 사람에게 추천할 만하다.

그 밖의 증류주의 원료와 성분

증류주의 주요 원료

위스키	밀, 보리, 호밀, 옥수수 등
브랜디	사과, 서양배, 청포도 등
보드카	호밀, 보리, 옥수수, 감자 등
진	호밀, 보리, 감자
럼주	사탕수수

증류주의 특징

중성지방의 원인인 당질과 통풍을 일으키는 푸린체가 전혀 들어있지 않아서 다이어트에 최적이다.
다만 알코올 도수가 상당히 높다.

■ 그 외 증류주 성분표

성분(Kcal 또는 g/100g)	위스키	브랜디	보드카	진	럼주
칼로리(kcal)	237	237	240	284	240
단백질	0	0	0	0	0
아미노산 조성에 의한 단백질	–	–	–	–	–
지질	0	0	0	Tr	Tr
탄수화물(당질+식이섬유)	0	0	Tr	0.1	0.1
알코올	33.4	33.4	33.8	40	33.8

※ 'Tr'은 성분이 포함되어 있지만 최소 기재량을 넘지 못할 경우를 가리킨다.
※ '–'은 미측정을 가리킨다.

출처: 일본식품기준성분표 2015년판

07 위험한 캔 음료 츄하이 구별법

저당질에 현혹되어서는 안 된다!

주로 일본 주류 업체들이 생산하는 캔 음료 츄하이는 스피릿(Spirits), 리큐어(Liqueur), 소주(희석식)를 베이스로 한 술이다.

모두 증류주라서 당질은 적지만 세부 원료가 불분명한 잡곡을 사용하기 때문에 결코 몸에 좋다고 할 수는 없다. 게다가 의료용 알코올과 같은 제법인 연속식 증류법으로 만들고 있다. 증류식 소주를 만드는 섬세한 단식 증류법과 비교하면 싼 가격에 대량생산이 가능한 제법이다. 무미·무취하다는 특징에 알코올 순도가 높아 깔끔하다고 마음 놓고 마셨다간 아차 하는 사이에 취해버리는 일이 생길 수 있다.

또한 츄하이에는 보존료, 착색료, 방부제, 향료, 인공감미료와 같은 식품첨가물이 많이 포함되어 있는데 이것들이 우리의 신체 여러 곳을 망가뜨릴 수 있다. 여기서 알 수 있듯이 사실 츄하이는 상당히 위험한 존재이다. 그렇기 때문에 츄하이를 구매할 때는 위스키와 같이 원료가 명확한 것, 과즙이 없고 당질이 적은 것, 성분 표시가 심플하고 첨가물이 적은 것을 골라야 한다. 식품첨가물이 신경 쓰인다면 당질 제로에 첨가물을 억제한 하이볼(위스키+탄산수)을 직접 만드는 것도 좋다. 또는 소주 중에서도 증류식 소주에는 혈액순환을 원활하게 하는 효과와 혈관에 붙은 지방을 제거하는 효과가 있으므로 이왕 마실 거라면 증류식 소주와 같은 몸에 좋은 술을 선택하자.

츄하이가 위험한 이유

세부 원료가
불분명한 잡곡을 사용함

무미 · 무취하고 잡내가 없음.
(그래서 과음을 할 수도 있다.)

알코올

당질

식품첨가물

캔 음료 츄하이에는
신체 여러 곳을 위험에 빠뜨릴 수 있는 요인
이 많이 포함되어 있다!

츄하이의 베이스가 되는 술의 종류

베이스가 되는 술 ①

스피릿
spirits

보드카와 테킬라(tequila) 같은 증류주 전반을 가리키는 말로 보드카, 테킬라, 진, 럼주는 '세계 4대 스피릿'이라 불리고 있다. 스피릿 계열로 만드는 츄하이의 대부분은 보드카를 원료로 한다.

베이스가 되는 술 ②

리큐어
liqueur

과실, 씨앗, 약초(향초), 우유 등으로 풍미를 더한 증류주를 가리키는 말. 츄하이에는 과실로 풍미를 더한 것이 많은데 이런 경우 과즙이 3배 이상 포함되어 있다.

베이스가 되는 술 ③

소주
soju

하나의 증류기에서 여러 번 증류하는 연속식 증류법으로 대량생산하는 '희석식 소주'와 증류기에서 한 번만 증류하는 단식 증류법으로 제조하는 '증류식 소주'가 있다.

위험한 츄하이를 구분하는 방법

츄하이를 구매할 때 유의할 점

① 위스키와 같이 원료가 명확한 것

② 과즙이 없고 당질이 적은 것

③ 성분 표시가 심플하고 첨가물이 적은 것

이 3가지를 유의하여 고르자!

건강을 신경 쓴다면,

식품첨가물을 비롯해 인공감미료가 신경 쓰인다면 하이볼(위스키+탄산수)을 직접 만들어서 마시는 것을 추천한다.

아래에 적힌 페이지에서는 더 흥미로운 비밀이!

- 당질 제로와 당류 제로는 60쪽
- 인기 많은 위험한 음료 고알코올 츄하이(9%)는 62쪽
- 이자카야에서 파는 생○○ 사워의 함정은 64쪽
- 츄하이를 선택하는 알코올 도수의 기준은 66쪽

08 '당질 제로'와 '당류 제로'의 차이

건강에도 좋고 간에도 좋은 술 선택법

우선순위는 당질 제로!

당질은 인간이 살아가는 데 꼭 필요한 에너지원이지만 너무 많이 섭취하게 되면 간 기능 장애의 원인이 되고 지방간에 걸릴 수 있다.

최근에는 당질에 대한 의식이 높아져서 '당질 제로', '당류 제로'라는 말을 자주 들을 수 있게 되었고, 어찌 됐든 건강에 대해 신경 쓰는 사람에게는 이 말이 매력적으로 다가올 것이다. 그런데 당질 제로와 당류 제로 중 어느 쪽이 우리 몸에 더 좋은지 알고 있는가?

당은 과당과 포도당이 포함된 '단당류', 슈크로스(Sucrose)와 맥아당이 포함된 '이당류', 전분 등이 포함된 '다당류'로 나눈다. '당류'라는 말에는 단당류와 이당류가 포함되어 있는데 당질은 단당류, 이당류, 다당류를 총칭하는 말이다. 당류보다 당질이 살찌는 원인이 되는 당을 더 많이 포함하고 있다.

그리고 자주 눈에 띄는 당류 제로는 100㎖에 단당류, 이당류의 함유량이 0.5g 이하, 당질 제로는 100㎖에 당류(단당류, 이당류), 다당류의 함유량이 0.5g 이하이다.

즉, 당류 제로보다 당질 제로가 더 많은 당의 섭취를 억제하는 것이다. 이와 같은 제로 상품은 술에서 많이 볼 수 있는데 건강이 신경 쓰인다면 우선 '당질 제로'라고 쓰인 라벨을 찾아보자.

당류 당류에는 단당류, 이당류가 포함된다.

단당류(과당과 포도당 등)
단당류가 많이 포함된 음식   과일, 벌꿀 등

이당류(슈크로스와 맥아당 등)
이당류가 많이 포함된 음식   우유, 사탕, 엿기름 등

다당류(전분 등)
다당류가 많이 포함된 음식   쌀, 빵, 라면, 고구마 등

당질 당질에는 단당류, 이당류, 다당류가 포함된다.

당류 제로 100㎖ 중 단당류, 이당류의 함유량이 0.5g 이하

당질 제로 100㎖ 중 당류(단당류, 이당류), 다당류 함유량이 0.5g 이하

당류보다 당질이
살찌는 원인이 되는 성분 전체를 가리키는 말이다.
건강을 위한다면 당류 제로보다는 당질 제로!

'당질 제로'와 '당류 제로'의 차이

09 인기 많은 위험한 음료, 고알코올 츄하이(9%)

몸에 대한 부담도 Strong!

스트롱 계열의 츄하이는 편의점에서 쉽게 살 수 있다. 높은 도수와 더불어 주스를 마시는 듯한 청량감과 단맛 덕분에 쉽게 마실 수 있는 점이 특징이다. 일반적으로는 알코올 도수가 7%가 넘으면 '스트롱 계열'이라고 한다. 이렇게 친근한 존재인 스트롱 계열의 술은 사실 위험한 음료이기도 하다.

위험한 이유는 두 가지인데 첫 번째는 알코올 도수가 높기 때문이다. 알코올 도수 9% 캔 츄하이(500㎖)의 순 알코올 양은 36g으로 이는 알코올 도수 43%의 위스키 온더록(30㎖) 3.5잔 분량에 해당한다. 또한 알코올 도수 12%의 경우 순 알코올 양이 48g이고 위스키 온더록 4잔 분량에 해당한다. 한 캔만 마셔도 간에 상당히 부담이 간다.

두 번째는 츄하이에 포함된 단당류의 존재이다. 과일 맛을 특징으로 내세운 츄하이에는 단당류인 과즙과 감미료인 옥수수 시럽이 첨가되어 있다. 단당류는 체내에서 분해 흡수 속도가 빨라서 혈당치가 급상승하기 쉽고 이는 지방 축적의 원인이 된다.

다시 말해 마시기도 쉽고 빨리 취하는 스트롱 계열의 츄하이에는 간에 큰 부담을 줄 만큼 강렬한 알코올 도수, 그리고 지방간으로 이어지는 많은 단당류가 포함된 것이다.

스트롱 계열 츄하이가 위험한 이유

위험한 이유 ① 높은 알코올 도수!

9% 스트롱 계열 츄하이 500㎖를 마시면 순 알코올 양 36g, 12% 스트롱 계열 캔 츄하이 500㎖를 마시면 순 알코올 양 48g을 섭취하는 것이다. 이는 알코올 도수가 43%인 위스키 온더록(30㎖) 3.5~4잔에 해당한다.

스트롱 계열 츄하이
(9%)
500㎖ 한 캔

위스키 온더록(43%)
30㎖ × 3.5잔 분량에 해당함

스트롱 계열 츄하이
(12%)
500㎖ 한 캔

위스키 온더록(43%)
30㎖ × 4잔 분량에 해당함

위험한 이유 ② 과당은 살찌는 원인!

스트롱 계열 츄하이에는 레몬 과즙과 같이 여러 과일의 과즙 (과당)과 감미료가 든 콘 시럽이 첨가되어 있다. 단당류는 체 내에서 분해 · 흡수 속도가 빠르고 혈당치의 급상승 위험과 더 불어 지방이 축적되기 쉽다. 즉, 당질이 많이 포함되면 간에도 큰 부담을 주게 되는 것이다.

10 이자카야에서 파는 생○○ 사워의 함정

생○○ 사워는 전혀 건강하지 않다

이자카야의 간판 메뉴라고 할 수 있는 술 종류 중 '생○○ 사워'가 있다. 그중 대표적인 것이 '생레몬 사워'와 '생자몽 사워'로 희석식 소주에 탄산수, 시럽, 바로 짜낸 과일즙을 섞어서 마시는 술이다. 언뜻 봤을 때 첨가물이 들어가지 않은 생과일을 사용하는 사워는 다른 술보다 건강해 보일지도 모르지만 그건 큰 착각이다.

희석식 소주를 섞는 데 사용되는 탄산은 혈관을 넓혀서 혈액순환이 잘 이루어지도록 도와주고 알코올이 뇌에 빨리 도착할 수 있도록 한다. 소량으로도 취할 수 있지만 많이 마시면 온더록이나 물을 타서 마셨을 때보다 몸에 더 큰 부담이 간다.

사워에 포함된 당질에 대해 좀더 알아둘 필요가 있다. 사워를 쉽게 마실 수 있도록 돕는 과즙과 시럽은 과당으로 이루어져 있어 비만의 원인이 되기도 한다. 사실 일반적으로 레몬 사워 한 잔에 들어있는 당질은 약 20g이다. 세 잔 정도 마시면 무려 밥 한 공기를 먹은 것과 동일한 당질을 섭취하게 된다. 아무 생각 없이 계속 마시면 밥을 많이 먹은 것과 똑같아진다.

이처럼 가볍게 마시는 생○○ 사워에는 탄산과 당질이라는 함정이 있다. 이는 다른 술보다도 살찌기 쉬우니 주의하자.

탄산의 위험성

탄산은 혈관을 넓혀서 피의 흐름을 원활하게 해주는 효과가 있고 알코올이 빨리 뇌에 전달되도록 하는 특징이 있다. 적은 양으로도 금방 취할 수 있다는 매력이 있지만 많은 양을 섭취할 경우 온더록이나 물을 타서 마셨을 때보다 더 큰 부담이 간다.

소량이라면 ○
대량이라면 ✕

과즙과 시럽의 위험성

일반적으로 과즙과 시럽이 들어간 레몬 사워 한 잔의 당질은 약 20g이다. 이를 세 잔 마시면 밥 한 공기 당질과 같은 양을 섭취하게 된다.

알코올이 뇌에 빨리 도착하도록 만드는 탄산과
과즙&시럽의 과당이 들어간 생○○ 사워는 다량 섭취하는 것으로도
간과 뇌에 큰 부담이 가기 때문에 주의하자!

11 츄하이를 선택하는 알코올 도수의 기준

적당한 도수로 술을 즐기자

츄하이는 증류주를 탄산수와 섞어서 과즙을 더하거나 소프트 드링크를 섞는 술로 여러 종류가 있고 취향에 따라 향과 맛을 고를 수 있는 특징이 있다. 또한 츄하이를 쉽게 마실 수 있도록 만든 캔 츄하이도 상당히 인기가 있고 예전보다 마실 기회가 늘어나고 있다. 특히 캔 츄하이는 1~12%의 폭넓은 알코올 도수 때문에 자신에게 잘 맞는 도수를 찾는 것이 중요하다. 이번에는 이런 사람들을 위해 알코올 도수별 특징을 설명하고자 한다.

알코올 도수가 1% 이상, 4% 미만인 것은 술이 약하거나 술을 줄이고 싶은 사람들에게 추천한다. 도수가 낮기 때문에 일반 주스처럼 마실 수 있다는 장점이 있지만 당질을 많이 포함하고 있기 때문에 주의해야 한다.

알코올 도수가 4% 이상, 7% 미만인 것은 일반적인 캔 츄하이의 도수로 맥주와 같은 느낌으로 술을 마시고 싶거나 혹은 반주 삼아 마시고 싶은 사람에게 추천한다.

알코올 도수가 7% 이상, 12% 미만인 것은 통칭 '스트롱 계열', 12% 이상이면 '초 스트롱 계열'이라고 부른다. 술을 많이 마시고 싶거나 적은 양으로 제대로 취하고 싶은 사람을 위한 술인데, 알코올 도수가 높으면 높을수록 간에 가는 부담도 커지므로 너무 많이 마시지 않도록 주의해야 한다.

한눈에 보이는 알코올 도수별 츄하이

알코올 도수

1%

2%

3%

4%

5%

6%

7%

8%

9%

10%

11%

12%

술이 약한 사람도 안심하고 마실 수 있는 도수

술은 약하지만
마시고 싶어!

주스를 마시듯
술을 즐기고 싶어!

일반적인 츄하이 도수

맥주와 비슷한 알코올 도수의
츄하이를 마시고 싶어!

술을 반주로 즐기고 싶어!

'스트롱 계열'이라 불리는 도수

술을 많이 마시고 싶어!

적게 마시면서
제대로 취하고 싶어!

캔 츄하이 알코올 도수의 마지노선 '초 스트롱 계열'

스트롱 계열로는 부족해!

칼럼 ❷ COLUMN
츄하이와 사워는 뭐가 다를까?

이자카야나 캔 알코올음료의 대표 메뉴 '츄하이'와 '사워', 도대체 무엇이 다른 걸까. 우선 '츄하이'는 소주의 츄[*]와 하이볼의 하이를 합친 말이다. 원래는 소주를 탄산과 섞은 것이지만 현재는 소주나 보드카와 같은 스피릿을 탄산과 섞고 과즙을 더한 음료를 지칭하고 있다.

한편 사워는 영어로 '산미가 있는, 시다'라는 의미가 있는 'SOUR'가 어원이다. 스피릿 베이스에 감귤류와 비슷한 산미 있는 과즙, 설탕과 같이 단 성분을 더해 만든 칵테일이다. 그리고 일본에서는 여기에 탄산을 더해 '사워'라고 부르게 되었다.

이처럼 '츄하이'와 '사워'는 원래 전혀 다른 음료였지만 현재는 양쪽 모두 스피릿을 탄산과 섞은 다음 과즙을 더한 음료의 이름으로 사용되고 있어 점점 명확한 차이는 없어지고 있다.

츄하이
- 어원은 '쇼츄 하이볼'
- 원래 소주를 탄산과 섞은 것(소주의 하이볼)
- 현재는 소주나 스피릿을 탄산과 섞은 다음 과즙을 더한 음료

사워
- 어원은 영어로 'SOUR'
- 원래 스피릿에 감귤류 과즙과 단맛 성분을 넣은 칵테일의 일종
- 현재는 스피릿을 과즙 등과 섞고 탄산수를 더한 것

---

[*] 소주의 일본어 발음이 쇼츄 – 역자주

제 3 장

최고의 음주법

12 음주의 시작은 저녁 7시가 BEST!

간에 도움이 되는 BEST 음주 시간

간은 우리 몸에서 여러 가지 일을 담당하는 기관으로 사람이 자는 순간에도 계속 일하고 있다. 그 일을 조금이라도 줄이고 간에 대한 부담을 가볍게 하기 위해서라도 술 마시는 시간을 신경 써야 한다.

칼럼(32쪽 참조)에서도 설명했듯 간이 분해할 수 있는 알코올은 체중 1kg당 1시간에 0.1g이다. 예를 들어 체중 60kg의 사람이 저녁 7시에 500㎖ 맥주를 마시기 시작해 저녁 7시 30분에 다 마셨다고 하자. 알코올을 분해하는 데 걸리는 시간은 약 3시간 20분이므로 저녁 11시경에는 알코올이 모두 분해되었을 것이고 술이 깬 상태에서 잠이 들 수 있다.

하지만 마시는 시간이 늦어진다면 어떻게 될까? 똑같이 500㎖ 맥주를 저녁 11시부터 마시기 시작해 저녁 11시 30분에 다 마셨다고 해보자. 이 경우 알코올은 새벽 3시경에 모두 분해될 것이다. 술이 깨지 않은 상태로는 쉬어도 충분한 휴식을 취하지 못한다.

술은 저녁 7시경부터 마시기 시작해서 늦어도 저녁 9시경에 끝내는 것이 제일 좋다. 또한 이른 시간부터 마신다고 해서 과음하는 것은 절대 금물이다. 그렇게 되면 알코올을 처리하는 데 걸리는 시간이 더 늘어나서 결국 간에 부담이 가게 된다. 저녁 7시부터 9시까지를 기준으로 한 잔 걸치는 정도를 추천한다.

일찍 마시고 간에 부담을 줄이자

체중 1kg당 1시간에
0.1g의 알코올을 처리한다.

BEER

맥주(500㎖)
순 알코올 양 약 20g

● 맥주(500㎖)의 알코올이
  분해되는 시간

  체중 60kg : 약 3시간 20분
  체중 80kg : 약 2시간 30분
  체중 100kg : 약 2시간

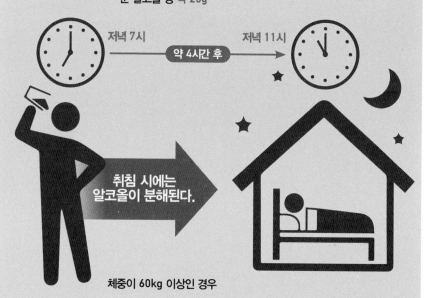

저녁 7시   약 4시간 후   저녁 11시

취침 시에는
알코올이 분해된다.

체중이 60kg 이상인 경우

이른 시간에 마시기 시작하면 간에 대한 부담을 줄일 수 있다. 그렇다고 해서 많은 양을
마시는 건 NO! 맥주는 500cc 2잔, 사케는 2홉 정도로 몸에서 감당할 수 있는 적정선을
지키자.

음주의 시작은 저녁 7시가 BEST!

13 술을 마시기 전에 간을 보호하는 것이 제일 중요하다

'먹고 나서 마시기'가 포인트!

위와 장에 아무것도 들어 있지 않은 상태로 술을 마시게 되면 알코올 흡수율이 급격히 오르고 혈중 알코올 농도도 함께 상승한다. 알코올 흡수율과 혈중 알코올 농도가 상승하면 알코올 분해를 담당하는 간에도 부담이 가게 된다.

이를 피하기 위해서라도 술을 마시기 전에는 음식을 조금 먹어두는 편이 좋다. 추천할 만한 음식은 느리게 소화되어 오랫동안 위와 장에 남아있을 만한 종류이다. 또한 챙겨 먹어두면 좋은 영양소로는 단백질, 식이섬유, 유지류(지질)이다. 단백질 중에서도 유제품은 알코올 분해를 돕는 몸에 좋은 물질이 포함되어 있어 추천한다. 술자리에 가기 전 요구르트 음료, 우유를 마시거나 치즈를 먹어서 간을 보호하자. 편의점에서 쉽게 볼 수 있는 치킨이나 닭꼬치에도 단백질과 유지가 들어있으니 술자리에 가기 전 가볍게 먹는 것도 좋다.

덧붙여서 위와 장에 음식을 먼저 넣어 알코올 흡수를 늦추게 하는 것은 식후 혈당치가 급상승하는 것을 막는 방법이기도 하다. 공복 때 밥을 먹으면 장융모가 당질을 급속으로 흡수하는데, 이때 흡수된 당질은 포도당으로 분해되어 혈관을 통해 간으로 이동한다. 그래서 미리 채소와 같은 식이섬유를 섭취해 두면 당의 흡수 효율이 떨어져서 혈당치의 급격한 상승을 막아준다.

간 기능을 좋게 하는 식품

식이섬유

식이섬유가 풍부한 식재료로 채소, 해조류, 버섯 종류를 들 수 있다. 애피타이저로 이 식재료가 들어간 요리가 나오면 먼저 먹어두자.

채소

해조류

버섯

단백질

고기나 생선에 있는 단백질도 위와 장에 오래 남아있을 만한 식재료다. 특히 알코올 분해를 돕는 비타민 B군이 풍부한 식재료를 추천한다.

달걀

콩

고기

생선

유지류

유지류(지질)도 식품의 소화 흡수를 늦춰주는 효과가 있다. 예를 들어 버터 50g을 먹으면 위에서 12시간 정체한다. 이 경우 알코올로 인해 헐기 쉬운 위벽을 보호할 수 있다. 추천 음식은 튀기거나 볶은 것으로 카르파초, 알 아히요(스페인식 볶음 요리) 등이 있다. 그중에서도 돼지고기를 사용하는 돈가스는 알코올 흡수를 늦추는 매우 좋은 안주이다.

튀김

구이

술을 마시기 전에 간을 보호하는 것이 제일 중요하다

14 간에 효과적인 최고의 안주 — 애피타이저

식이섬유가 풍부한 음식은 든든한 아군!

알코올은 체내에서 분해·해독되면 이산화탄소나 물의 형태로 바뀌어 배출된다. 이 분해·해독작업의 반 이상을 담당하는 것이 간이다. 한 번에 많은 양의 알코올을 흡수하면 간에 큰 부담이 되기 때문에 가능하면 알코올의 흡수량을 줄이는 편이 좋다.

이자카야에서 술을 마실 때는 "일단 ○○부터 주세요." 하고 말하고 나서 요리와 함께 주문할 때가 많을 것이다. 이때 식이섬유가 풍부한 식품을 선택하는 것이 좋다. 식이섬유는 소화되기도 어렵고 장시간 위와 장에 머물러 있기 때문에 알코올의 흡수율을 낮추는 효과가 있다.

식이섬유가 많이 포함된 식재료에는 양배추, 셀러리, 우엉, 양상추, 토마토, 아스파라거스, 마늘, 배추 등이 있다. 특히 혈중 알코올 농도를 $\frac{2}{3}$에서 절반까지 줄여주는 토마토나 알코올의 분해 효소를 활성화시키는 비타민 U가 포함된 양배추를 추천한다. 그 외에도 버섯류나 콩류, 해조류, 곤약 등은 식이섬유가 풍부한 식품이다. 메인 요리를 주문하기 전에 앞서 말한 식재료로 만든 요리를 먹어두는 것이 이상적이다. 또한 술을 마시기 전에 요구르트나 치즈와 같은 유제품을 먹는 것도 효과가 있다. 유제품에는 알코올 분해를 돕는 좋은 성분이 포함되어 있기 때문에 간의 부담을 줄일 수 있다.

애피타이저는 식이섬유가 풍부한 것으로

풋콩

이자카야 애피타이저의 정석이기도 한 풋콩은 단백질과 식이섬유가 풍부해서 추천하는 식재료이다. 단, 채소 중에서는 칼로리가 높은 편이므로 너무 많이 먹지 않도록 주의하자.

샐러드

이자카야에서 파는 샐러드에는 당질이 많은 드레싱을 사용하는 경우도 있다. 당질이 신경 쓰이는 사람은 조미료를 조절할 수 있는 채소 스틱을 추천한다.

버섯

식이섬유와 비타민 B군이 풍부하여 콜레스테롤 수치를 조절하고 혈당치를 내려 면역력을 높여주는 효과가 있다.

두부

단백질이 많이 포함되어 있어 위에도 부담이 없다. 메인 요리를 주문하기 전에 우선 두부로 위를 다스려보자.

그 외

해조류나 곤약에도 식이섬유가 풍부하다. 해조 샐러드나 된장소스를 바른 꼬치구이 등은 애피타이저로 알맞다.

간에 효과적인 최고의 안주 — 애피타이저

15 간에 효과적인 최고의 안주
― 메인 요리

이상적인 안주는 고단백 저당질

건배까지 했다면 그다음은 메인 요리를 주문할 차례일 것이다. 이때 '고단백 저당질'이란 말을 새겨두면 좋다. 단백질은 질 좋은 근육을 만들 뿐 아니라 간 기능 향상에도 도움이 된다. 단백질은 고기나 생선, 달걀, 콩 등에 포함되어 있는데, 그중에서도 알코올 분해를 도와주는 비타민 B군까지 포함한 식재료를 추천한다. 구체적으로는 돼지고기, 장어, 가자미, 연어, 방어 등이 있다. 채소 중에서는 당근에 비타민 B군이 많이 포함되어 있다.

그 외에 소고기 육포나 건오징어와 같이 씹는 질감이 있는 식재료도 좋다. 씹는 행위는 혈류의 흐름을 좋게 할 뿐 아니라 씹는 행위로 인해 타액 분비량이 늘어나면서 입속 세균이 감소하는 효과로 이어진다. 겨울철이라면 전골 요리도 하나의 선택지가 될 것이다. 듬뿍 넣은 채소와 함께 고기나 생선과 같은 단백질도 섭취할 수 있다. 또한 어패류에 함유된 타우린과 아연에는 간 기능을 강화시키는 효과가 있으므로 굴이나 백합 조개를 먹는 것도 추천한다. 하지만 단백질이 몸에 좋다고 해서 처음부터 닭꼬치나 치킨을 막 먹어대면 위에 부담이 갈 것이다. 그러니 우선은 풋콩, 두부같이 가벼운 것부터 먹고 나서 메인 요리로 넘어가도록 하자.

메인 요리는 단백질이 풍부한 것으로

생선 요리

생선구이나 회 등의 생선 요리는 중성지방 감소 효과가 있는 EPA(에이코사펜타엔산)를 포함하고 있다. 특히 고등어나 꽁치와 같이 등푸른 생선을 사용한 요리가 좋다.

고기 요리

고기 요리는 단백질이 풍부하다. 특히 기름에 튀긴 치킨은 술안주로 최적이지만 그렇다고 과식하지 않도록 주의한다.

말린 과일

말린 과일(건과류)에는 식이섬유와 단백질, 비타민 E, 철분, 오메가3와 같이 몸에 좋은 지질이 포함되어 있어 술안주로 좋다.

전골

추운 계절에 메인 요리를 선택할 때 들어가는 음식이다. 채소도 함께 먹을 수 있어 불균형한 식생활에는 최적이다.

달걀 요리

고기, 생선과 함께 먹으면 동물성 단백질의 섭취량이 늘어난다. 스키야키나 닭고기덮밥은 이상적인 메뉴이다.

16 술 마신 다음 마무리 라면은 백해무익! 녹차나 된장국이 제일 좋다

음주의 마무리는 차나 된장국으로!

술을 마신 뒤 밤에 라면을 먹고 싶은 적이 많을 것이다. 라면이 생각나는 이유는 알코올을 분해하는 과정에서 체내의 수분과 염분을 많이 빼앗기 때문이다. 그러나 라면은 당질과 염분이 대량 포함되어 있는 데다가 후루룩하고 면을 입안에 넣기 쉬워 빨리 먹게 된다.

술을 마시고 나서 밤에 라면을 먹으면 간의 입장에서는 야근하는 것이나 마찬가지다. 원래는 쉬고 있어야 할 수면 시간까지 과도하게 일을 하는 상황이 된다.

라면은 빈말로도 몸에 좋다고 할 수 없는 음식이기 때문에 가능하면 수분과 염분은 다른 음식으로 보충하는 것이 좋다. 제일 좋은 것은 된장국과 녹차이다. 된장국 중에서도 재첩이나 바지락을 넣은 된장국은 든든한 술친구가 된다. 어패류에 함유된 타우린이 피곤해진 간을 부드럽게 달래준다. 또 녹차도 입가심으로 잘 어울린다고 할 수 있다. 녹차에 함유된 카테킨은 폴리페놀의 한 종류로 식후 혈당 수치의 상승을 억제하여 당의 흡수를 늦추고 중성지방의 합성을 억제한다. 또한 β카로틴(베타카로틴)과 비타민 C와 같은 항산화 비타민, 당질대사를 좋게 만드는 비타민 B군도 풍부하게 포함되어 있어 유해한 활성산소를 줄이고 세균 번식을 억제하는 효과도 있다. 체이서(도수가 센 술과 함께 마시는 물)를 대신할 수 있을 뿐 아니라 음주 전후 차 한 잔씩을 마셔두는 것도 우리 몸에 바람직하다.

왜 된장국과 녹차가 효과적일까?

술을 마시면 수분과 염분이 배출된다

수분

수분과 염분을 보충하기 위해 라면이 먹고 싶어진다.

같은 양의 수분과 염분을 잃어버린다.

알코올 섭취

염분

술

된장국과 차는 술친구로는 최고다

녹차

된장국

녹차에 포함된 떫은 성분인 카테킨은 건강에 좋은 여러 가지 효능을 가지고 있다. 찻잎을 가루로 만들어 안주에 섞어 먹는 방법도 있다.

된장국에는 장내 환경을 좋아지게 만들어 면역력을 높이고, 위암을 예방하는 등의 효과가 있다. 어패류 이외에 대파와 만가닥버섯 등도 숙취 예방과 개선에 효과적이다.

17 몸에 나쁠 것 같은 튀김, 사실은 훌륭한 안주이다

오히려 튀김을 먹으면 좋다

고기나 생선 등으로 기름을 듬뿍 사용해 만든 튀김은 몸에 나쁠 것 같다는 이유로 멀리하는 사람이 많다. 하지만 튀김은 과하게 먹지만 않는다면 매우 좋은 안주라고 할 수 있다. 72쪽에서도 설명했듯이 단백질과 유지류(지질)는 위에 오래 머무르기 때문에 알코올의 흡수를 늦추는 효과가 있다. 또한 단백질을 섭취하는 건 혈중 알부민 수치(28쪽 참조)를 올리는 것과도 연관이 있다.

알부민은 혈액 속에 포함된 단백질로 아미노산을 운반하는 역할을 담당하고 있다. 아미노산은 근육과 혈관, 머리카락, 피부와 같은 신체 조직을 만드는 재료이기 때문에 알부민이 부족하면 필요한 부위까지 영양소를 운반하기 어려워진다. 영양소의 운반이 어려워지면 빈혈을 일으키거나 면역력이 저하되고, 근육과 뼈가 약해지는 신종 영양실조를 일으킨다.

알부민을 늘리는 데 가장 효과적인 방법은 고기와 달걀을 먹어서 동물성 단백질을 섭취하는 것이다. 한 가지 덧붙이자면 고기에 함유된 기름에서는 중성지방이 늘어나지 않는다. 원래 지질은 에너지원이고 세포막 등을 만드는 재료가 되기 때문에 적절히 섭취할 필요가 있다.

단, 튀김옷에는 당질이 포함되어 있어서 많이 먹으면 비만의 원인이 되기도 한다. 다른 요리와 함께 단백질을 섭취하도록 하자.

유지류로 숙취를 방지한다

정체된 기름이 위를 지켜준다

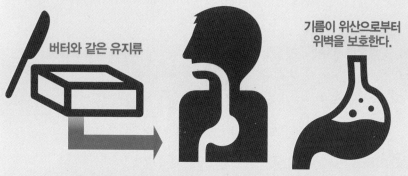

버터와 같은 유지류

기름이 위산으로부터
위벽을 보호한다.

살찐다고 멀리하는 사람이 많지만, 유지(油脂) 자체는 알코올의 흡수를 낮춰 간에 악영향을 끼치지 않는다. 또한 숙취를 방지하기 때문에 오히려 적극적으로 먹어두는 편이 좋다.

단백질과 유지류를 함께 섭취할 수 있는 안주

전골   닭꼬치   스테이크

단백질과 유지류는
음주할 때 든든한 아군!

치킨은 대표 메뉴로 내세워지는 경우가 많고 먹기도 제일 간편하다. 단, 튀김옷에 당질이 포함되어 있으니 치킨보다는 닭꼬치나 전골, 스테이크에 들어있는 단백질을 많이 섭취하자.

18 술을 마시는 순서로 간을 보호한다

시작은 낮은 도수로!

그날 기분에 따라 다양한 술을 즐기는 편이라면 술을 마시는 순서도 신경 써보자. 이렇게 말하는 이유는 술에 포함된 알코올은 같아도 흡수하는 속도가 다르기 때문이다.

알코올은 도수가 높을수록 빠르게 흡수되는 성질이 있다. 예를 들면 알코올 도수가 5도인 맥주보다 40도인 위스키가 더 빠르게 흡수되는 것이다.

앞에서 여러 번 설명했지만, 알코올이 빠르게 흡수되면 간에 큰 부담이 된다. 특히 술을 마시기 시작했을 때는 대부분 위와 장에 음식이 거의 없기 때문에 알코올을 흡수하기 쉽다. 그래서 처음부터 위스키와 같이 도수가 높은 술을 마시는 것은 간에 좋지 않으니 피해야 한다. 처음에는 맥주나 와인과 같이 도수가 낮은 술로 시작하는 것이 술을 마시는 좋은 방법이다.

단, 위스키와 같이 독한 술을 물과 섞어서 마신다면 처음부터 마셔도 문제가 없다. 위스키를 물과 섞어서 10배 정도 연하게 만들면 맥주와 비슷한 알코올 도수가 되기 때문이다.

하지만 좋은 술을 물에 타서 마시기 싫은 사람도 많을 것이다. 그러한 사람은 우선 맥주 같은 도수가 낮은 술로 시작하고 나서 어느 정도 안주로 위를 채운 뒤에 도수가 높은 술로 갈아타는 방법을 추천한다.

술을 마시는 최적의 순서

흡수가 잘 되는 술은?

아래의 3가지 술은 흡수되기 쉽다. 이러한 술을 마실 때는 한 모금씩 천천히 맛보면서 과음하지 않도록 주의한다.

위스키

보드카

사케

흡수가 쉬운 술

· 알코올 도수가 높은 술
· 탄산이 포함된 술
· 조금 따뜻한 술

!주의!
알코올 도수가 낮아도 원샷을 하면 한번에 대량의 알코올이 흡수된다.

낮은 도수에서 시작해서 높은 도수로 옮기자

시작은 맥주나 와인같이 알코올 도수가 낮은 술로!

그 후에 소주나 위스키와 같이 도수가 높은 술을 마시면 간에 부담이 적다.

술을 마시는 순서로 간을 보호한다

19 취하기 쉬운 술은 이것!

탄산이 들어가거나 조금 따뜻한 술은 취하기 쉽다

앞에서 흡수가 잘 되는 술을 소개했다. 그런데 알코올 도수가 높지 않은데도 탄산이 들어가거나 따뜻하게 데운 술은 왜 흡수되기 쉬울까? 그 이유를 알아보자.

탄산은 위와 장의 움직임을 활발하게 하는 효과가 있다. 게다가 술술 잘 넘어가서 한번에 많은 양을 마시게 된다.

와인은 알코올 도수가 낮아서 술자리를 시작할 때 마시기 적당하지만, 스파클링 와인은 탄산이 포함되어 있어 건배할 때 한 잔 정도만 마시는 것이 좋다.

온도가 높은 술도 알코올 흡수가 빨라지기 때문에 주의해야 한다. 사케 중에는 뜨겁게 데운 술이 가장 흡수되기 쉽고 그다음으로 따뜻한 술, 상온의 술, 차가운 술 순서로 흡수되기 쉽다. 추운 겨울에 뜨겁게 데운 술을 마시면 몸이 따뜻해지고 얼굴이 빨갛게 달아오르는 경우가 있다. 이는 알코올이 빠르게 흡수되어 플래셔 증상(플러싱 반응)이 일어난 상태이다. 알코올이 분해되면서 생겨나는 발암성 의심 물질인 아세트알데하이드의 영향으로 얼굴이나 모세혈관이 확장하여 빨개지는 것이다. 따뜻하게 데운 술을 마실 때는 그 전에 맥주 한두 잔을 마셔두는 것이 좋다.

마시는 양을 정해놓고 지키지 않으면 의미가 없다. 도수가 센 술은 마시는 양을 한두 잔으로 정해놓고 더 마시지 않도록 주의하자.

취하기 쉬운 술은 많이 마시지 않도록 주의!

탄산이 들어간 술은 위와 장을 자극한다

탄산을 포함한 술

위와 장을 자극

위와 장이 활발해짐

맥주나 스파클링 와인 등

흡수율도 UP!

탄산이 위를 강하게 자극하여 연동운동을 시작하면 대부분의 내용물은 소장으로 흘러간다. 그러면 장이 바로 알코올을 흡수하는데 그 후 알코올이 간으로 옮겨져 알코올 분해 작업을 시작한다.

따뜻한 술은 체온(대사)을 올린다

따뜻한 술

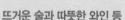

체온을 올린다

뜨거운 술과 따뜻한 와인 등

신체대사가 원활해져서 흡수율도 올라간다.

온도가 높은 술일수록 흡수되기 쉽다. 뜨거운 술은 물론 따뜻한 와인도 많이 마시면 숙취가 생긴다. 안주도 먹어가면서 천천히 마시는 것이 좋다.

20 체이서(Chaser)는 간도 돕고 요산 수치도 돕는 마법의 물

꾸준한 수분 보충으로 탈수 증상을 막자

술을 마시면 화장실에 자주 가게 된다. 이는 술로 수분을 섭취했기 때문이 아니다. 알코올이 체내에 들어오면 소변을 참을 수 있게 하는 항이뇨 호르몬이 억제되어 요의(尿意)를 쉽게 느끼게 하기 때문이다. 이뇨 작용으로 필요 이상으로 소변을 배출하게 되면 체내의 수분을 빼앗겨 탈수 증상을 일으킨다.

술을 마신 뒤 목에서 갈증을 느끼거나 입술이 마르는 경우가 있다. 실은 앞서 말한 두 증상이 탈수 증상의 신호이다. 그리고 라면을 먹고 싶은 것도 소변과 함께 염분이 배출되었기 때문이다. 탈수 증상이 일어나면 간 기능이 저하되어 알코올 분해도 잘 이루어지지 않을 뿐 아니라 요산 수치가 올라가 통풍에 걸릴 위험이 생긴다. 숙취 현상도 알코올 분해가 끝나지 않아 일어나는 현상이기 때문에 탈수 증상은 숙취의 간접적 원인이라 말할 수 있다.

그러니 술을 마실 때는 반드시 수분을 함께 섭취하자. 이를 위해서는 마시는 술과 같은 양의 물을 마시는 것이 좋다. 사케 한 잔이라면 180㎖, 소주라면 두 배 정도 희석하는 방식이다. 그런 의미에서 체이서(Chaser)*는 음주와 잘 맞는다고 할 수 있다. 집에서 마시든 밖에서 마시든 체이서와 이를 대신할 물, 또는 차를 준비해두자.

----

* **체이서** 독한 술을 마신 뒤에 바로 이어서 도수가 없는 음료나 도수가 낮은 술을 마시는 일 – 역자주

술을 마실 때는 수분 보충이 필요하다

술로는 수분을 보충할 수 없다

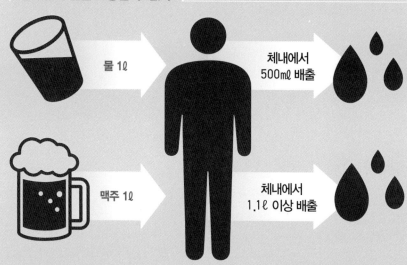

물 1ℓ → 체내에서 500㎖ 배출

맥주 1ℓ → 체내에서 1.1ℓ 이상 배출

물은 마신 양의 절반 정도가 체내에 남지만 술은 마신 양 이상으로 수분을 빼앗긴다. 음주로 체내에 수분이 줄어들면 혈중 알코올 농도가 상승하고 숙취가 생길 뿐 아니라 탈수 증상으로 이어진다.

탈수 증상 신호를 놓치지 말자

탈수 증상의 신호

· 목이 마르다.
· 화장실에 가는 횟수가 는다.
· 소변이 많아진다. (마지막에는 적어진다.)
· 소변의 색이 짙어진다.

꾸준히 수분을 보충하자.

체이서(Chaser)는 간드 돌고 요산 수치도 돋는 마법의 물

21 최악의 음주법

마시는 양과 순서, 안주 등 술을 마실 때 신경 써야 할 것들은 많이 있다. 술 마시는 방법도 그중 하나이다.

술을 마실 때 제일 위험한 것이 바로 '원샷'을 하는 것이다. 섭취한 알코올의 5~20%는 위에서 흡수하고 남은 80%는 소장에서 흡수하는데 소장 내벽에 있는 수천만 개의 장융모가 영양소를 흡수한다.

가령 500㎖ 맥주를 원샷하면 맥주의 탄산이 위를 자극하여 연동운동을 시작하고 바로 맥주를 장으로 흘려보낸다. 그러면 장융모가 한번에 맥주를 흡수하고 모세혈관을 통해 알코올이 간으로 이동한다. 500㎖ 맥주에 포함된 순 알코올 양은 20g 정도이지만 이것이 결국 간으로 이동한다면 간은 풀가동될 수밖에 없다. 그래서 알코올 도수가 낮은 술이라고 해도 원샷은 위험하기 때문에 하지 않는 것이 좋다.

또한 구토를 하거나 제대로 못 움직이고 타인에게 부축을 받거나 기억을 잃을 때까지 마시는 건 가능한 한 피해야 한다. 특히 기억을 잃을 때까지 마시는 행동은 매우 위험하다. 이는 알코올로 인해 뇌의 해마가 타격을 입어 일어난 현상이다. 치매의 원인이 될 가능성도 있기 때문에 걱정이 된다면 적당히 마시도록 하자.

절대 해서는 안 되는 음주법

토할 때까지 마신다

식도의 점막이 손상되기 쉬워서 토할 때까지 마시면 큰 타격을 받는다. 자칫하면 식도암에 걸릴 수도 있다.

원샷한다

알코올이 한꺼번에 흡수되기 때문에 숙취가 생기기 쉽다. 간에 큰 부담이 되는 상당히 위험한 음주법이다.

발걸음이 불안정하거나 잘 움직이지 못할 때까지 마신다

계단에서 구르거나 차에 치이는 등 사고로 이어지는 경우가 있다. 인사불성이 될 때까지 마시지 않도록 주의하자.

다른 사람에게 시비를 걸 정도로 마신다

다른 사람에게 피해가 갈 정도로 마시는 것은 만병의 근원이기도 한 스트레스를 발산하기는커녕 쌓이게 할 수 있기 때문에 좋지 않다.

22 간을 괴롭히는 위험한 안주

간에게 일거리를 주지 말자

음식으로 섭취하는 당질(포도당)은 인간의 에너지원이다. 뇌가 끊임없이 일하게 만들고 근육을 움직이게 하며 체온을 유지하는 등 포도당은 생명을 유지하는 데 꼭 필요하다. 또한 포도당이 부족하여 움직일 수 없는 사태가 일어나지 않도록 사람의 몸은 당질을 지방으로 바꾸어 축적할 수 있다. 바다나 산에서 조난 당한 사람이 살아남는 것도 축적된 지방을 당질로 바꿔 에너지원을 확보하기 때문이다.

'당대사'라고 불리는 지방과 당질의 변환 작업은 간이 담당하고 있다. 알코올 분해로 바쁠 때 당대사 업무까지 더해지면 간은 큰 부담을 느끼게 된다. 이런 부담을 덜기 위해서라도 술을 마실 때 당질이 많은 안주를 섭취하는 건 피해야 한다. 가장 대표적인 안주로는 오차즈케(녹차에 밥을 말아먹는 일본요리)와 감자튀김이 있다. 건강한 이미지의 채소찜도 주의하자. 이러한 안주는 감자, 당근, 연근 등 전분이 많은 식재료 외에 설탕과 미림과 같은 조미료를 사용하기 때문에 당질이 높아지기 마련이다. 안주로 많이 먹는 초밥도 아주 위험하다. 초밥 하나하나는 소량이지만 전체 양을 따지면 밥 한 공기(약 150g)가 넘는 쌀을 먹는 것이기 때문에 주의가 필요하다. 술을 마실 때는 이 메뉴들을 조심하는 것이 좋다.

알코올 + 당질은 최악의 조합

당질 → 지방의 변환은 간의 업무

당질   알코올

간이 중노동하는 일이 발생

알코올 분해 때문에 바쁠 때 당대사까지 더해지면 간이 해야 할 일은 배로 늘어나 알코올 분해가 원활하게 이루어지지 않는다. 당질이 많은 안주는 먹더라도 가능한 한 양을 줄이도록 한다.

간이 할 일을 늘리는 위험한 안주

쌀, 빵, 면, 밀가루 음식은 당질이 풍부하게 포함 되어 있다. 채소 중에서도 감자류는 당질이 많 다. 또한 디저트류도 설탕을 사용하기 때문에 당 질이 많으므로 술 마신 후에는 이를 피하는 것이 좋다.

위험한 안주 리스트

• 주먹밥	• 볶음 우동	• 피자	• 당면 샐러드
• 오차즈케	• 볶음 쌀국수	• 감자튀김	• 도리아
• 초밥	• 타코야키	• 버터감자구이	• 마
• 안카케 볶음밥	• 오코노미야키	• 감자 샐러드	• 디저트
• 야키소바	• 부침개	• 마카로니 샐러드	

23 2, 3차까지 이어지는 술자리는 간에 큰 부담이 된다

과음과 과식을 부르는 술집 순회

술을 마시고 기분이 좋아져 2차까지 술자리가 이어지면 나도 모르게 과음을 하게 되는 경우가 있을 것이다. 그런데 밤늦은 시각까지 술을 마시면서 당질이 풍부한 음식을 계속 먹으면 간에 큰 부담이 가고 최악의 경우 지방간을 초래할 수도 있다.

간이 분해할 수 있는 알코올 양은 체중 1kg당 1시간에 0.1g 정도이다. 몸에 무리가 없을 정도의 알코올 양을(1일 7~40g) 지킨다는 가정하에 저녁 9시 정도까지만 마신다면 해 뜰 무렵에는 체내 알코올의 대부분이 분해되어 일어났을 때는 알코올이 남아있지 않을 것이다.

반대로 깊은 밤까지 술을 계속 마시면 간은 알코올을 다 처리하지 못하여 부담이 커진다. 그리고 2, 3차까지 술자리가 이어지면 배가 고파져서 간에 무리를 주는 음식까지 먹기 쉽다.

밥과 술을 같이 먹으면 당질 흡수가 잘 되기 때문에 안주도 저당질의 음식을 고르는 것이 기본이다. 이를 무시하고 계속 이것저것 안주를 먹다가는 살이 찔 것이 분명하다. 게다가 술 마신 뒤 라면이나 소고기덮밥 같은 당질 덩어리를 섭취하는 일은 지방간으로 향하는 지름길이나 마찬가지이다.

과음과 과식을 방지하기 위해서라도 2, 3차까지 술집을 순회하는 일은 그만두는 것이 좋다. 조금 이른 시간에 마시기 시작해서 늦은 밤이 되기 전에 귀가하는 것이 좋다.

해 뜰 때까지 간이 일하는 나쁜 음주법

① 처음 간 가게에서 몇 잔 마시고 다음 가게로 이동

 19시

 21시

② 2, 3차에서도 술을 계속 마신다.

원래는 귀가하는 것이 제일 좋다.

첫 가게에서 2~3잔 마시고 마무리하는 것이 제일 좋다. 일찍 귀가하여 마음 편하게 있으면 간도 쉴 수 있다.

술자리가 2, 3차 정도 되면 취기가 올라서 계속 먹고 마시게 된다. 이는 간에 상당히 좋지 않다.

③ 늦은 밤까지 계속 마시다가 겨우 귀가

 1시

 6시

④ 다음날 술이 덜 깨서 숙취에 시달린다.

늦은 밤까지 계속 마시다가 새벽 1시경에 귀가. 집에 갈 때 라면 같은 음식을 먹었다면 더 이상 나빠질 게 없을 정도로 최악이다.

숙취의 영향으로 구토를 하거나 위와 장에 악영향을 끼치는 경우도 있다. 이러한 일이 없도록 일찍 귀가하자.

24 음주 후 목욕이나 자기 직전에 마시는 술은 위험하다

음주 후 목욕과 수면은 피할 것

술을 마신 뒤 바로 목욕을 하거나 잠을 자는 사람이 많을 것이다. 하지만 이런 목욕이나 잠은 장점이 하나도 없기 때문에 추천하고 싶지 않다.

술을 마시면 긴장이 풀려 마음이 편안해진다. 이는 기분에 따라 마음이 달라진다는 이야기가 아니라 알코올을 섭취함으로 인해 혈관이 확장되고 혈압이 내려가기 때문이다. 이렇게 술을 마신 상태에서 욕조에 몸을 담그면 혈압이 더욱 떨어져서 뇌빈혈을 일으킬 위험이 있다. 또한 술기운이 남아있을 때는 너무 뜨거운 물에 목욕하는 것도 위험하다. 알코올로 인해 낮아진 혈압이 뜨거운 물 때문에 급상승하여 뇌경색을 일으킬 수 있기 때문이다. 게다가 술로 인해 탈수 증상이 와서 수분이 부족한 경우에는 그 위험이 더 커진다. 그렇기 때문에 술을 마신 날은 목욕을 피하고 미지근한 물로 샤워하는 것이 현명하다.

그리고 술을 수면제 대신 마시는 사람이 있는데 이것도 좋지 않다. 술을 마시고 잠이 든 직후에는 깊은 논렘수면 상태로 들어가지만, 그 후에는 다시 잠이 얕아진다. 푹 자고 아침에 일어났는데도 피로가 풀리지 않는다고 느낀다면 잠자기 전 마신 술로 수면의 질이 떨어졌을 수도 있다. 원래는 간도 쉬고 있었을 시간인데 알코올 분해 작업에 시달렸기 때문에 좋은 게 하나도 없는 것이다. 자기 전에 술을 마시지 않도록 노력해 보자.

음주 후 목욕과 자기 전 마시는 술에 따른 위험

음주 후에는 샤워 정도로 참자

술을 마시고 욕조에 몸을 담그면 혈압이 떨어진다. 이때 혈압이 떨어지면 뇌까지 피가 돌지 못해서 뇌빈혈을 일으킬 가능성이 있다. 눈앞이 깜깜해지면 한번 그 자리에 기대어 서 있어보자.

자기 직전에 마신 술이 수면의 질을 떨어뜨린다

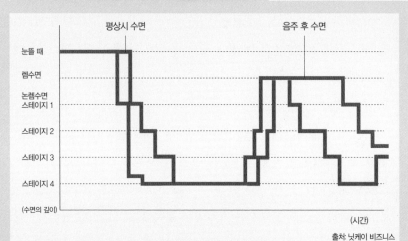

출처: 닛케이 비즈니스

취침 전 술을 마신 경우에는 짧은 시간 안에 깊이 잠들 수 있지만 그 후에는 얕은 잠이 계속되어 결국 수면 패턴이 흐트러진다. 취침 전에는 술을 마시지 않는 것이 수면의 질이 좋아진다고 할 수 있다.

25 술 마시면서 지방을 태우는 '간 스케줄'

10시에는 소화가 끝날 수 있게 하자

코로나19의 영향으로 자택에서 온라인 모임을 통해 술을 마시는 사람이 늘고 있다. 온라인 모임을 통한 음주는 3밀*을 막을 수 있고 차가 끊기는 시간을 신경 쓸 필요도 없기 때문에 편안하게 술을 즐길 수 있다. 하지만 그 반면에 끝나는 타이밍이 정해지지 않아 주구장창 마시는 사람이 많다고 한다. 이는 간에 매우 좋지 않다.

이렇게 말하는 이유는 밤 10시부터 새벽 2시까지가 지방세포를 생성하는 단백질 BMAL1이 느는 시간대라서 이 시간대에 음식물이 위에 남아 있으면 대사를 촉진하여 지방을 연소시키는 성장호르몬을 분비시키기 어렵기 때문이다. 그렇게 되면 지방 연소의 효과가 떨어져 내장지방도 쌓이기 쉬워진다. 따라서 반주는 저녁 7~9시 정도에 끝내는 편이 좋다. 일 때문에 술자리나 반주의 시작이 늦어질 경우에는 술의 양을 적당히 조절하여 안주를 폭식하지 않도록 하자. 저녁식사는 가볍게 배를 채우고 채소나 버섯 등 식이섬유 중심의 안주로 술을 즐기는 것이 좋다.

혼자서 마시든 온라인 모임을 통해 마시든 미리 술과 안주를 정해두고 그 이상은 마시지 않도록 하자. 또한 온라인 모임을 할 때는 꿀꺽꿀꺽하고 계속 마시지 않도록 끝나는 시간을 정해두는 편이 좋다.

---

*   밀접, 밀집, 밀폐 – 역자주

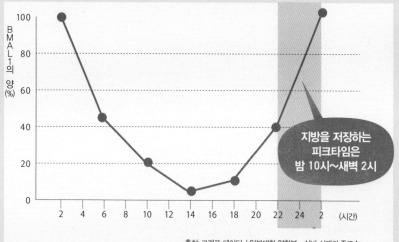

적당한 시간과 양을 지키면서 술을 즐기자

■ 지방세포를 생성하는 단백질 'BMAL1'의 지방조직 중의 양(상대량)

BMAL1의 양(%)

세로축: 100, 80, 60, 40, 20, 0

가로축: 2 4 6 8 10 12 14 16 18 20 22 24 2 (시간)

지방을 저장하는
피크타임은
밤 10시~새벽 2시

출처: 그래프 데이터 / 일본대학 약학부 심바 시게키 준교수

과음, 과식하지 않도록 주의!

풋콩   닭꼬치   500㎖ 맥주 두 잔

술과 안주의 양을 미리 정해두고
그 이상은 절대 먹지 않는다!

제13장

술 마시기 전과 후에 먹는
건강기능식품과 영양제가 진짜 효과가 있을까?

술을 마신 후 편의점에 들러서 숙취에 좋다는 '강황 음료'를 마시는 사람이 있지 않은가? 혹은 조개에 포함된 오르니틴이나 타우린 영양제를 마시는 사람도 있을 것이다. 하지만 이러한 영양제가 정말로 숙취 해소에 효과적일까?

여기서 말하는 강황은 카레 등에 자주 사용되는 매운 강황을 말한다. 강황에 포함된 커큐민이 간에서 나오는 담즙 생성을 촉진한다고 하여 예로부터 한방생약으로 사용되어 왔다. 하지만 강황이 알코올 분해 효소의 분비를 촉진한다는 의학적 근거는 없고 편의점 같은 곳에서 보이는 드링크에도 '청량음료'라고만 표시되어 있다.

비슷한 예로 오르니틴과 타우린을 섭취한다면 영양제가 아니라 바지락과 재첩이 들어간 된장국을 마셔보자. 영양제는 어디까지나 식사로 부족한 영양소를 보충하기 위한 것이기 때문에 식품으로 영양소를 섭취하는 것이 기본이다. 된장국은 건강에 좋은 다른 성분도 동시에 섭취할 수 있어서 일석이조이다.

하지만 영양제가 아니라 '건강보조식품'이면 어느 정도 효과를 기대할 수 있다. 유효성, 안정성과 같이 과학적인 근거가 있고 소비자청의 허가도 받았기 때문에 안심할 수 있다.

아직까지는 알코올 분해에 효과적인 건강보조식품이 없지만, 당질과 지질의 흡수를 늦춰주는 보조식품은 있으니 안주를 많이 먹는다면 술자리 전에 미리 마셔두는 건 어떨까?

제 **4** 장

당질 제한으로
간 기능 강화 & 효과적인
다이어트

26 술배의 최대 원인은 당질

원인은 맥주가 아니다

"매일 맥주를 마셔서 술배가 나왔어⋯."라고 말하는 사람이 많다. 사실 맥주에는 살찌는 원인인 당질이 포함되어 있지만 그보다는 당질의 과잉 섭취가 문제다. 안주로 먹는 감자튀김 혹은 감자 샐러드, 술 마신 후에 먹는 라면과 밥 등 술자리에서는 계속 당질을 섭취하기 쉬운데 이것이 술배와 크게 연관이 있다. 우리가 섭취한 음식물(당질)은 간에서 분해되어 필요한 양은 근육에 저장했다가 근육운동을 할 때 에너지로 소비한다. 하지만 에너지로 소비하고 남은 당질들은 간에서 중성지방으로 변하는데 이러한 당질을 많이 섭취하면 혈당치가 급상승하여 인슐린이 분비된다. 그리고 결국 남은 당질들은 바로 지방으로 변한다. 이것이 사람이 살찌는 메커니즘인 것이다.

이 글을 읽은 분들 중에는 안주도 줄이고 라면도 먹지 않겠다는 사람도 있을 것이다. 하지만 삿포로 맥주에서 실시한 조사에 따르면 1일 당질 섭취 기준량은 남성이 250g, 여성이 200g인데 비해 평균 당질 섭취량은 약 320g(남성 309g, 여성 332g)으로 나타났다. 우리는 연령과 성별에 상관없이 평상시에 당질을 과하게 섭취하고 있었을 수도 있다. 외모가 신경 쓰이는 사람은 안주와 평소 식생활을 살펴 보는 것이 좋다.

지방이 쌓이는 메커니즘

① 음식(당질)을 섭취한다.

② 소장에서 흡수되어 필요한 양은 근육에 저장한다.

③ 남은 당질이 간에서 중성지방으로 변한다.

■ 하루에 섭취하는 당질량

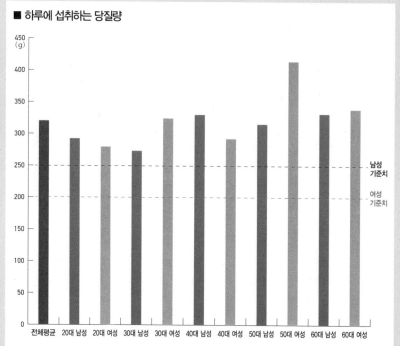

남성 기준치

여성 기준치

전체평균　20대 남성　20대 여성　30대 남성　30대 여성　40대 남성　40대 여성　50대 남성　50대 여성　60대 남성　60대 여성

출처: 쿠리하라 고, 삿포로 맥주 주식회사 〈식습관과 당에 관한 실태조사〉(2015년)

술배의 최대 원인은 당질

27 중성지방이 많아지면서 생기는 무서운 결말

지방간은 큰 병으로 향하는 입구

원래 중성지방은 인간이 살아가는 데 꼭 필요한 에너지원인 당질을 변환시킨 것이다. 우리 몸에서 당질 섭취량이 부족하면 쌓아두었던 중성지방을 소비하여 에너지를 만들어낸다. 그래서 중성지방은 인간에게 있어 꼭 필요한 존재이지만 저장하는 속도가 소비하는 양을 넘어서면 우리 몸에 쌓이고 만다. 건강한 간의 중성지방 비율은 3~5%이지만 그 비율이 30%를 넘어버리면 '지방간'이라 불리는 상태로 빠지게 된다.

또 미처 저장하지 못한 중성지방이 혈액 속에 흘러 들어가 몸속 지방세포가 늘어나면 내장지방이 증가하여 협심증이나 심근경색과 같은 큰 병으로 발전하는 경우도 있다.

과음이나 운동 부족과 같은 생활 습관이 원인이 되어 간에 지방 성분이 쌓이고 지방간으로 이어진다. 간에 지방 성분이 쌓이면 피가 끈적거리는데 이렇게 되면 간 기능이 떨어지고 간세포에 염증이 생기는 지방성 간염이 발병하게 된다. 그리고 간이 회복과 염증을 반복하면서 간의 표면이 점점 울퉁불퉁해진다. 이 과정이 쌓인 상태를 '간경변'이라고 한다. 이러한 간경변이 계속되면 전신의 무력감, 황달, 복수, 변비 등 다양한 증상을 일으키는 '간암'이 발생하기 쉽다. 즉 지방간은 생활습관병과 간암으로 향하는 입구인 것이다.

지방간과 지방성 간염의 메커니즘

중성지방의 역할

간은 인간이 살아가는 데 꼭 필요한 에너지원인 당질을 비축해 놓기 위해 필요한 기관이다. 충분한 당질을 섭취할 수 없는 경우에는 중성지방에서 에너지가 소비된다. 단 소비보다 축적되는 속도가 더 빨라지면 지방간의 원인이 된다.

① 생활 습관이 망가진다

과음이나 당질의 과잉 섭취나 운동 부족과 같은 습관 때문에 생활 습관이 망가진다.

② 지방간 상태로

간에 있는 중성지방 비율이 30%를 넘으면 지방간이 된다.

③ 지방간염

간에 중성지방이 더 많이 쌓이면서 염증이 생긴다.

④ 간경변

회복과 염증 발생이 반복되면서 간 표면에 요철이 생기고 간이 위축된다.

⑤ 간암

온몸이 가렵거나 황달이 생기고 복수, 변비, 설사와 같은 여러 증상이 나타난다.

지방간 때문에 간암이 발생할 수도 있다!

28 어찌 됐든 칼로리보다 '당질'을 억제하자

중성지방도 함께 줄이자

술에는 식욕을 증진하는 작용이 있다. 술자리에서 배가 아플 때까지 먹는 사람이 많을 텐데 사실 이런 습관이 살찌는 원인 중 하나이다. 여기서 특히 조심해야 할 부분이 장간막(소장을 둘러싸는 막)과 내장 주위에 붙는 내장지방이다.

음식으로 섭취한 영양분(당질이나 지질)은 간에서 중성지방으로 합성된다. 그 후 에너지로 변하여 신체 여러 기관에서 소비하는데 중성지방이 너무 많으면 우리 몸에서 다 소비하지 못하고 남게 된다. 이것이 내장지방과 피하지방으로 축적되어 비만으로 이어지는 것이다. 그리고 그 상태가 계속되면 고혈압과 당뇨병, 고지혈증이 생길 수도 있다. 그렇기 때문에 지방으로 변하기 쉬운 당질은 피해야 한다.

풋콩이나 회, 채소절임, 두부, 낫토류와 같이 고단백 저당질 안주를 먹고 당질이 높은 음식은 최소한으로 줄이는 것이 좋다. 그리고 간혹 "살찌니까 싫다"며 안주를 먹지 않고 술만 마시는 사람도 있다. 확실히 술만 마시면 살이 덜 찔 수도 있겠지만 간에 대한 부담은 커진다. 음식을 먹으면서 술을 마시는 쪽이 알코올 흡수율을 내리고 간에 대한 부담도 경감시키는 것이다. 그러니 술을 마실 때는 저당질 안주를 먹도록 하자.

당질을 너무 많이 섭취하면 중성지방이 증가한다!

몸에 쌓이는 지방의 종류

내장지방
내장 주변에 축적되는 지방이다. 고혈압과 당뇨병과 같은 병의 원인이 된다.

피하지방
피부와 근육 사이에 축적된다. 피하지방이 너무 많이 늘어나면 다리와 허리에 부담이 간다.

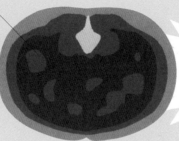

에너지로 소비되지 못한 중성지방이 피하지방과 내장지방으로 변해 축적된다.

중성지방이 증가하면서 생기는 단점

- 혈압이 높아진다.
- 혈당치가 올라간다.
- 혈전이 생긴다.

- 포만감 관련 호르몬인 '렙틴'의 움직임을 방해하여 포만감을 얻기 힘들어진다.
- 장수 호르몬 '아디포넥틴'의 분비량이 줄어들고 혈당치와 혈압 조정 능력이 저하되어 동맥경화가 진행된다.

늘어난 내장지방을 방치하면 이런 병에!

동맥경화에 대한 위험 요인
이상지질혈증

혈액 속에 중성지방과 콜레스테롤이 많거나 혹은 적은 상태로 동맥경화를 일으킬 위험인자이다. 심근경색과 간경변을 발생시킬 수도 있다.

혈관이 막히는 원인
고혈압

방치하면 심장에 대한 부담이 증가하고 혈관도 높은 압력을 견딜 수 있는 유연성을 잃게 된다. 그 결과 혈관이 막히거나 파열될 수도 있다.

혈액 속 당이 증가하는
당뇨병

혈액 속 당 수치가 일정 수준을 넘어선 상태. 당뇨병에 걸리면 당 대사가 원활해지지 않고 고혈당 상태가 지속되다가 혈관이 손상되어 동맥경화로 진행된다.

29 약간의 당질 제한이 최고의 식사법

매일 섭취하는 당질을 아주 조금 줄인다

간 기능 장애를 일으키는 최대의 원인은 당질의 과다 섭취이다. 1일 당질 섭취 기준량은 *남성이 250g, 여성이 200g이지만 한국인은 평균 320g이나 섭취하고 있다(100쪽 참조). 이는 남녀 불문 세대 불문하고 모두에게 해당하는 내용이다. 여기서 실천하면 좋은 것이 당질을 조금 줄이는 당질 제한 생활이다.

'당질 제한'이라는 말을 들으면 우울해질지도 모르겠다. 하지만 그렇다고 경계 태세를 갖출 필요도 없다. 원래 자신이 몇 그램의 당질을 섭취했는지 정확히 계산하는 건 불가능하고 또 무언가를 먹을 때마다 당질을 계산한다면 스트레스도 쌓이기 때문에 그렇게 엄격하게 할 필요도 없다.

예를 들면 밥을 먹을 때 쌀을 평소보다 10% 줄여보자. 밖에서 먹을 때에도 무료로 제공하는 밥을 고봉으로 쌓지 말고 평소에 먹는 양만 담는 정도로 조금씩 줄이도록 의식하면 된다.

또 먹는 순서도 중요하다. 정식을 먹는다면 처음에는 작은 접시에 담긴 사이드 채소나 샐러드, 그다음에 메인 요리와 함께 나오는 반찬을 먹는다. 그 후 배가 어느 정도 차면 밥에 젓가락을 대보기로 하자. 매우 간단한 일이지만 이 정도의 노력만으로도 혈당치가 급상승하는 것을 막을 수 있다. 술도 마찬가지다. 어느 정도 음식을 먹은 후 술을 마신다면 자연스럽게 술 마시는 양도 줄고 간도 좋아질 것이다.

---

* WHO 세계보건기구에서는 1일 당류 섭취량이 전체 섭취량의 10%를 넘지 말아야 한다고 이야기한다.– 역자주

당질을 제한하여 간을 건강하게!

당질 섭취 기준량은 남녀가 다르다

밥 한 공기(약 150g)
당질: 약 55g

밥 한 공기에 포함된 당질은 약 55g이기 때문에
가득 퍼서 먹지 않는다면 하루 세 공기를 먹는다
해도 당질이 과해질 일은 없다.

하루 당질 섭취 기준

여자 200g   남자 250g

약간의 공복으로 당질을 줄인다

당질 섭취를 줄이는 방법

- 밥 양을 10% 줄인다.
- 주스, 캔 커피 대신 차 또는 물을 마신다.
- 밥에서 손을 뗀다.
- 편의점에서 파는 삼각김밥이나 과자, 빵, 면 등을 피한다.
- 과일을 피한다.
- 면류는 일주일에 한 번만 먹는다.
- 단백질이 많은 식사를 한다.
- 스트롱 캔, 츄하이, 사워 종류를 자제한다.
- 과자는 감자칩이나 옥수수 계열이 아니라 카카오 함량이 높은 초콜릿으로 대체한다.
- 밤늦은 시간의 식사를 피한다.

약간의 당질 제한이 최고의 식사법

30 술과 다이어트를 양립할 수 있는 최고의 비법

당질과 칼로리 섭취량에 신경 쓰자

술을 마셔도 다이어트는 가능하다. 과식, 과음을 피하고 하루 섭취 칼로리와 당질을 줄이면 된다.

앞 페이지에서도 설명했지만, 당질은 하루치 당질 섭취 기준량을 넘지 않도록 하자. 밥이나 면류를 많이 먹지 않는 것은 물론 주스나 스포츠 드링크도 많이 마시지 않도록 주의하자. 몸에 좋다고 채소 주스를 마시는 사람이 있는데 종류에 따라 당질을 많이 포함하는 경우가 있으므로 주의가 필요하다. 채소를 그대로 먹는다 해도 감자나 옥수수, 연근 종류는 당질이 많기 때문에 피하는 것이 좋다.

하지만 당질을 줄여도 섭취하는 칼로리 자체가 계속 높다면 아무런 의미가 없다. 우선 오른쪽 페이지에 나온 표를 토대로 자신에게 필요한 하루 섭취 칼로리를 계산해보자. 가령 30대 남성 사무직(신체활동 레벨은 보통)인 경우 2,700kcal가 적당하다. 이 수치를 근거로 칼로리가 넘치지 않도록 식사 메뉴를 조정하면 된다.

또한 살을 빼고 싶다고 짧은 기간 동안 한꺼번에 체중을 줄이는 것은 몸에 좋지 않다. 한 달에 500g 정도를 빼는 속도가 좋다.

당질뿐만 아니라 칼로리 섭취량도 신경 쓰자

하루에 필요한 칼로리 계산
기초대사량 × 신체활동 레벨 수치

기초대사량은 기초대사 기준치와 참조 체중(해당 연령의 평균적인 체중)으로 계산할 수 있고 신체활동 레벨은 매일 활동하는 내용에 따라 결정된다. 예를 들어 40대 남성의 기초대사량은 약 1,530kcal이다. 이 남성의 신체활동 레벨이 보통일 때 1530 × 1.75로 하루에 필요한 칼로리는 2,700kcal가 된다.

■ 성별 연령별 기초대사량

연령	남성(※)			여성(※)		
	기초대사 기준치	참조 체중 (kg)	기초대사량 (kcal /1일)	기초대사 기준치	참조 체중 (kg)	기초대사량 (kcal /1일)
18~29세	23.7	64.5	1530	22.1	50.3	1110
30~49세	22.5	68.1	1530	21.9	53	1160
50~64세	21.8	68	1480	20.7	53.8	1110
65~74세	21.6	65	1400	20.7	52.1	1080
75세 이상	21.5	59.6	1280	20.7	48.8	1010

※ 참조 체중은 해당 연령의 평균 체중을 말한다.   출처: 후생노동성 〈일본인의 식사 섭취 준비〉(2020년)

■ 신체활동 레벨과 그에 따른 활동 내용

신체활동 레벨	수치(※)	활동 내용
I (낮음)	1.50 (1.40~1.60)	대부분 앉아서 생활하고 정적인 활동이 중심인 경우
II (보통)	1.75 (1.60~1.90)	주로 앉아서 일하지만 직장 내에서 움직이는 작업, 접대, 통근이나 쇼핑으로 인한 걷기, 집안일이나 가벼운 스포츠를 포함하는 경우
III (높음)	2.00 (1.90~2.20)	움직이는 일이 많은 업무 종사자, 또는 스포츠와 같이 활발한 여가를 즐기는 경우

※ 괄호 안의 숫자는 대략적인 범위.   출처: 후생노동성 〈일본인의 식사 섭취 준비〉(2020년)

31 탄수화물 + 탄수화물은 악마의 음식

탄수화물은 당질이 듬뿍 들어있다

당질이 많다는 걸 알고 있지만 밥, 빵, 면 등은 우리가 자주 먹는 음식이다. 그리고 먹을 기회가 많지만 가능하다면 당질을 줄이고 싶을 것이다. 그렇다면 특히 주의해야 할 음식은 어떤 것이 있을지 하나씩 알아보도록 하자.

소고기 덮밥이나 일본식 중화 덮밥과 같은 덮밥 종류는 지방간과 비만의 원인이다. 정식과 달리 애피타이저가 같이 나오지 않기 때문에 밥의 양이 늘어나는 경향이 있다. 또한 양념을 할 때도 설탕이나 미림과 같은 당질이 함유된 조미료를 듬뿍 사용한다. 국물이 많거나 소스를 얹은 요리를 마구 먹는 것도 추천하지 않는다. 또한 빵 종류 중에서는 설탕과 버터(혹은 기름)를 듬뿍 사용한 단 빵도 위험하다. 이는 주식(主食)이 아니라 과자의 일종이다. 그러니 밥 대신에 단 빵을 먹지 않도록 하자. 이와 더불어 야키소바 빵이나 크로켓과 같이 탄수화물＋탄수화물인 빵도 피해야 한다. 말할 필요도 없겠지만 이러한 음식은 당질이 상당히 높기 때문에 많이 먹지 않도록 주의해야 한다. 면 종류 중에서는 밀가루를 사용한 튀김 소바와 안카케 야키소바가 당질이 높아지는 경향이 있기 때문에 많이 먹지 않도록 해야 한다.

오른쪽 페이지에서는 주요 식품의 당질량을 정리하였다. 각각의 당질량을 체크하여 무엇을 얼마나 먹으면 많이 섭취하게 되는지 파악해놓자.

탄수화물은 단품이라도 당질이 풍부하다

덮밥

면류

간식 빵

단 빵 외에도 야키소바 빵과 같은 간식 빵도 위험하다. 면류 중에서는 안카케 야키소바와 완탕면이 당질이 높다. 안카케에서 걸쭉한 소스는 전분으로 만들고 완탕은 밀가루로 만들기 때문에 당질을 상승시킨다. 소고기 덮밥이나 돼지고기 덮밥에 사용되는 단짠 소스, 일본식 중화 덮밥의 소스에도 당질이 많이 포함되어 있기 때문에 피해야 한다.

■ 주요 식품의 당질량

품명	가식부 100g당 당질량(g)
식곡류	
바게트	54.8
떡	50.3
식빵	44.4
크루아상	42.1
밥(백미)	36.8
밥(현미)	34.2
스파게티(삶은 면)	30.3
메밀면(삶은 면)	24.0
우동(삶은 면)	20.8

품명	가식부 100g당 당질량(g)
구황작물(※)	
고구마	29.7
감자	16.3
참마	12.9
토란	10.8

※구황작물은 모두 껍질을 벗기고 조리하지 않은(날 것) 상태

■ 밥(백미)의 당질 조견표

	양(g)	당질양(g)
덮밥 한 그릇	280	103.0
밥 한 공기	150	55.2
밥 2/3 공기	100	36.8

	양(g)	당질양(g)
밥 반 공기	75	27.6
주먹밥 한 개	100	36.8

출처: 일본 식품 표준 성분표 2015년판

32 "과일을 먹으면 건강해진다"는 위험한 인식

과일에 포함된 단당류가 위험하다

과일은 몸에 좋다고 생각하기 쉽지만, 알고 보면 지방간을 유발하는 큰 적이다.

당질은 분자의 크기에 따라 세 종류로 나눌 수 있다. 링거로도 사용하는 포도당이 포함된 단당류, 설탕, 유당 등의 이당류, 쌀이나 빵에 포함된 녹말 등의 다당류 세 가지이다. 여기서 두 개의 단당류가 결합하면 이당류가 되고 많이 결합하면 다당류가 된다. 이러한 당류는 몸속에 들어와 단당류로 분해한 다음 흡수되는 구조이므로 결합하는 부분이 적은 단당류와 이당류는 분해, 흡수 속도가 빠르고 혈당치가 급상승하는 부분과 직결되기 때문에 지방이 쉽게 쌓인다.

그리고 과일은 노화를 촉진한다고 알려져 있다. 과당과 포도당 같은 당질이 혈관과 피부의 단백질과 결합하면 '당화'라는 현상이 일어난다. 당화는 혈액속 당분이 많을수록 발생하기 쉽고 동맥경화나 피부의 늘어짐, 주름과 같은 노화현상의 원인 중 하나로도 알려져 있다. 또한 과당은 포도당과 비교하여 약 10배나 당화되기 쉬운 당질로 알려져 있다.

당화에서 생성되는 나쁜 물질을 AGE(최종당화산물)라고 한다. 포도당에서 유래한 물질은 AGE1, 과당에서 유래한 물질은 AGE2라고 하는데 이중 AGE2는 '나쁜 AGE'라고도 불린다. 이는 베이징덕과 같은 음식처럼 향기롭고 노릇노릇하게 구워진 음식에 포함된 경우가 많은데 많이 먹지 않도록 주의해야 한다.

과일에 포함된 단당류는 흡수되기 쉽다

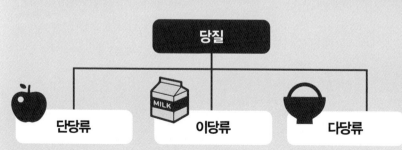

당질

단당류

과일이나 벌꿀 등에 포함된 포도당, 과당이 단당류이다.

이당류

설탕이나 우유에 포함된 자당과 유당을 말한다. 맥아에 포함된 맥아당도 있다.

다당류

곡류나 구황작물에 포함된 전분 등을 말한다. 밥이나 빵이 다당류로 되어 있다.

빠름 ← 흡수율 → **늦음**

과일에 포함된 당질은 흡수되기 쉬운 단당류이기 때문에 많이 먹지 않도록 주의한다.
또한 건강하게 과일을 먹고 싶다면 밤이 아니라 아침 식사 때 함께 먹도록 하자. 밤에는 활동량이 줄고 당질도 소비되기 어렵기 때문에 가능하다면 먹지 않는 편이 좋다.

■ 주요 과일 당질량

식품명	가식부 100g당 당질량(g)
바나나	21.4
포도	15.2
감	14.3
사과	14.1
체리	14.0
무화과	12.4
파인애플	11.9
키위	11.0
온주밀감	11.0

식품명	가식부 100g당 당질량(g)
오렌지(네이블)	10.8
귤	10.7
배	10.4
멜론(온실)	9.8
수박(붉은 과육)	9.2
자몽(흰 과육)	9.0
복숭아	8.9
딸기	7.1
아보카도	0.9

출처: 문부과학성 일본식품 표준 성분표 2015년판 〈제2장 일본식품 표준 성분표〉

33 채소 주스는 오히려 건강하지 않다?!

시중에서 판매하는 채소 주스는 크게

과육을 첨가한 채소 주스의 위험성

건강을 생각한 음료라고 하면 채소 주스를 떠올리는 사람이 많을 것이다. 또 "점심은 편의점 샌드위치와 채소 주스를 먹는다."거나 "아침을 거르지 않고 샐러드 대신 채소 주스를 마신다."는 사람도 많지 않은가?

채소로만 만든 홈메이드 채소 주스를 마신다면 문제가 없지만, 시중에서 판매하는 채소 주스는 주의해야 한다. 왜냐하면 시판 채소 주스는 마시기 쉽도록 당질을 듬뿍 넣은 것도 상당수 있기 때문이다.

시중에서 판매하는 채소 주스는 크게 '녹즙 타입', '채소즙 타입', '채소즙+과즙 타입' 세 가지가 있다. 기본적인 녹즙 타입은 잎채소가 메인이기 때문에 당질이 적지만 채소즙+과즙 타입 중에서는 과즙이 50%인 것도 있다.

이는 절반이 과일 주스이기 때문에 당질이 많이 포함되어 있다. 과일에 포함된 단당류의 위험성은 이미 앞에서 이야기한 바와 같다.

채소즙 타입은 사용하는 채소에 따라 당질량이 바뀌는데 녹즙 타입과 채소즙+과즙 타입의 중간 타입이라고 생각하면 좋을 것이다.

포장에 나온 〈영양성분 표시〉 중 탄수화물(당질, 당류)의 함유량이 표시되어 있기 때문에 채소 주스를 살 때 반드시 확인하자.

일상 제한으로 간 기능 강화 & 효과적인 다이어트

채소 주스에 포함된 과즙에 주의하자!

녹즙 타입

하나에 포함된 당질이 약 1~5g

새싹보리나 케일, 신선초와 같은 잎채소로 만든 녹즙 타입의 주스는 당질이 적어서 추천!

채소즙 타입

하나에 포함된 당질이 약 7~15g

당질이 많은 토마토나 당근을 베이스로 여러 채소를 첨가하여 만들었기 때문에 당질은 다소 많다.

채소즙 + 과즙 타입

과일에 포함된 당질분 추가

하나에 포함된 당질은 약 18~20g

채소와 과일을 섞어서 만든 타입이다. 기본적으로 과일의 비율이 높을수록 당질도 늘어나므로 주의가 필요하다.

채소 주스를 사기 전에 포장에 나온 영양성분 표시를 반드시 체크하자!

채소 주스는 오히려 건강하지 않다?!

34 캔 커피와 스포츠 음료는 설탕 덩어리

당뇨병과 일직선상에 있는 위험한 음료

운동 후와 같이 땀을 많이 흘린 후에 스포츠 음료를 마시는 사람이 많을 것이다. 수분과 미네랄 등을 보충하는데 적합하다는 인상이 강하고 왠지 몸에 좋다고 생각하는 사람도 많은 듯하다.

하지만 이는 스포츠 음료의 일부분일 뿐인 장점이다. 패트병으로 판매되는 일반적인 스포츠 음료 1개에 포함된 당질량은 약 25g으로 스틱으로 된 설탕(3g)으로 환산하면 무려 8개나 들어간 셈이다.

많은 당질로 인해 비난의 대상이 되는 경우가 많은 청량음료는 평소에 신경을 써도 스포츠 음료는 이를 망각하고 있는 사람이 많을 것이다.

또한 무당 타입 이외의 캔 커피도 사실은 당질 덩어리다. 미당(저탕) 타입이라고는 해도 당질은 약 4.8g이 들어가 있고 일반적인 당도의 커피에는 약 14.3g이 포함되어 있다. 커피에 스틱으로 된 설탕을 4~5개나 넣어서 마시는 사람은 거의 없겠지만 캔 커피는 그 정도 당질이 일반적이다.

이렇게 당질 덩어리인 음료를 매일 마신다면 건강에 좋을 리가 없다. 캔 커피를 마신다면 블랙에 무가당으로 마시자. 설탕량을 스스로 조절할 수 있는 커피숍이나 편의점 커피도 좋을 것이다.

대량으로 포함된 당질이 문제!

페트병 음료(500㎖)에 포함된 당질

| 콜라 | 사이다 | 스포츠 음료 |

당질 약 56.5g
=
스틱 설탕
약 19개분

당질 약 51g
=
스틱 설탕
약 17개분

당질 약 25g
=
스틱 설탕
약 8개분

커피 음료(190㎖)에 포함된 당질

| 무당 타입 | 미당(저당) 타입 | 일반적인 타입 |

당질 약 1g
=
스틱 설탕
약 1/3개분

당질 약 4.8g
=
스틱 설탕
약 1.6개분

당질 약 14.3g
=
스틱 설탕
약 4.8개분

카페오레 타입은 당질이 과다해지는 경향이 있으니 주의!

카페오레 타입은 190㎖ 캔이지만 당질이 20g 가까이 들어 있다. 설탕을 마시는 것과 마찬가지이므로 사기 전에 성분 표시에서 당질량을 확인하자.

■ 커피 음료의 무가당, 저가당, 미가당 표시의 차이

무가당	음료 100㎖당 당류 0.5g 미만
저가당 미가당	음료 100㎖당 당질 2.5g 미만 또는 기존 제품이나 커피 음료 등 일반 제품(7.5g/100㎖)과 비교했을 때 당류 2.5g 이상이 저감되어 있는 제품 ※ 저감된 양과 비율을 〈당류 ○○% 감소〉와 같이 구체적으로 기재할 필요가 있음

35 먹는 순서를 바꾸기만 해도 건강해질 수 있다

식사는 하루 세 끼 천천히 씹어 먹는다

같은 메뉴라도 먹는 순서를 바꾸면 혈당치 상승을 완화하고 인슐린 분비도 억제할 수 있다.

식사를 할 때는 채소, 해조류, 버섯과 같이 식이섬유가 풍부한 재료부터 먹도록 하자.

이렇게 먹으면 식이섬유로 인해 당질 흡수가 느려질 수 있다. 그리고 이어서 고기나 생선, 달걀, 콩 식품과 같은 단백질을 보충하자.

그 후에 수프나 된장국으로 수분을 보충하여 수분으로 배를 부르게 한 뒤 마지막에 밥이나 빵, 면류와 같은 당질을 섭취한다. 이렇게 순서를 바꾸는 것만으로도 당질을 과하게 섭취하지 않도록 막을 수 있다.

또한 식사는 아침, 점심, 저녁 세 끼 모두를 제대로 섭취하는 것이 중요하다. 식사를 거르면 몸은 기아 상태로 인식하여 지방을 축적하기 쉽게 만든다. 또한 공복은 과식으로 이어질 수 있기 때문에 세 번의 식사를 제대로 섭취해야 한다.

또 한 가지는 빨리 먹는 것도 금지다. 빠르게 먹는 습관은 간에 큰 부담이 되는 식사법이고 혈당치가 단번에 오를 수 있다. 그 때문에 이를 방지하기 위해서는 가능한 한 음식을 천천히 먹도록 해야 한다.

천천히 먹기 위해 많이 씹어 먹자. 음식물을 30회 이상 씹어서 먹는다면 빨리 먹는 습관이 자연스레 해결될 것이다.

인슐린 분비를 억제하는 이상적인 식사법

집에서도 외식할 때도 아래 순서를 지키자!

① 식이섬유

채소 　　　　　해조류 　　　　　버섯

② 단백질

고기 　　　생선 　　　달걀 　　　콩 가공제품

③ 수분

수프 　　　　　된장국

④ 당질

밥 　　　　　빵 　　　　　면류

먹는 순서를 바꾸기만 해도 건강해질 수 있다

36 간 기능도 높이고 다이어트도 되는 아침저녁 5번의 '슬로우 스쿼트'

큰 근육을 단련하면 효과 만점!

지방간을 방지하기 위해 에너지를 많이 소비하는 몸을 만들어보자. 당질과 지방을 에너지로 바꾸어 소비하는 근육이 많을수록 기초대사가 늘어나 많은 에너지를 소비하기 때문에 살이 잘 찌지 않는다.

특히 지구력이 높아 잘 피곤해지지 않는 '적색근육(지근)'은 지방을 태우는 미토콘드리아를 많이 포함하고 있다. 또한 근육은 에너지원으로 혈액 속 포도당을 잡아먹는 기능도 있어, 간 기능을 보조하는 효과도 기대할 수 있다.

하지만 "바빠서 몸을 움직일 시간이 없다"라거나 "일 때문에 피곤해서 운동은 도저히….."라며 운동하기 어렵다고 말하는 사람도 많을 것이다. 하지만 적색근육을 만드는 데 과격한 운동을 할 필요는 없다. 간단한 운동으로도 충분히 효과를 기대할 수 있다.

추천 운동은 아침 저녁 5회씩 실시하는 슬로우 스쿼트이다. 스쿼트은 대퇴사두근, 햄스트링*, 대전근과 같이 큰 근육을 강하고 튼튼하게 만드는 운동이다. 큰 근육을 단련시키면 에너지 소비가 늘어나고 포도당을 흡수하는 양도 늘어난다.

트레이닝을 위한 넓은 광장도 필요 없고 아침, 저녁으로 5회씩 실시하면 되기 때문에 습관을 들이기에 어렵지 않을 것이다. TV를 보면서 할 수도 있으니 오늘부터라도 빨리 시작해 보자.

---

* **Hamstring** 허벅지 뒤쪽 부분의 근육 – 역자주

언제 어디서나 할 수 있는 '슬로우 스쿼트'

아침저녁 5회씩 총 10회의 효율적인 운동으로 큰 근육을 키울 수 있다.

① 등 근육을 곧게 뻗은 다음 팔은 가슴 앞에서 교차시킨다.

다리를 어깨너비보다 조금 넓게 벌리고 발끝은 밖을 향하게 한다.

②와 ③을 5회 반복한다.

엉덩이를 조금 뒤로 쑥 내밀면 대퇴근에 힘이 들어간다.

무릎을 세우지 말고 ②의 동작으로 돌아간다.

② 5초 동안 숨을 뱉으면서 대퇴근과 바닥이 평행이 되도록 천천히 무릎을 구부린다. 무릎이 발끝보다 앞으로 나오지 않도록 주의할 것!

③ 5초 동안 숨을 들이쉬면서 천천히 일어선다. 무릎이 다 펴지지 않도록 주의하고 쉼 없이 동작을 반복한다.

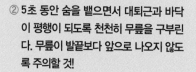

간 기능도 높이고 다이어트도 되는 아침저녁 5분의 '슬로우 스쿼트'

37 간 질환을 치료하기 위해서는

지방간은 간 질환의 출발점

간 질환은 지방간에서 시작한다고 해도 과언이 아니다. 지방간은 자각증상이 없기 때문에 전혀 눈치채지 못한 상태에서 병이 진행되는 경우가 상당수 있다. 그렇기 때문에 혈액검사에서 γ-GTP와 AST 수치가 높아지기 시작하면 주의해야 한다. 규칙적인 식생활과 적절한 운동으로 지방이 쌓이지 않도록 해야 한다.

만약 지방간으로 진단받았다 해도 초기라면 2주간의 금주와 식이요법을 계속하는 방법으로 간을 다시 건강하게 만들 수 있다.

지방간을 방치하면 5년 전후로 간염으로 진행된다. 간염에 걸리면 온몸에 권태감과 황달, 복통, 발열과 같은 자각증상이 나타난다. 초기 상태에는 장기적인 금주와 식이요법으로 개선할 수 있고, 중증인 경우에도 약물 치료가 필요하긴 하지만 아직 건강한 간을 되살릴 수 있다. 또한 간염 중에서 바이러스성 간염인 경우가 있는데 이 경우에는 약 처방을 통해 치료가 가능하다.

간염을 방치하면 10~20년이라는 긴 세월이 지나 간경변이 발생한다. 여기까지 진행되면 더 이상의 치료는 불가능하고 때에 따라서 이식수술이 필요한 경우도 생긴다. 간경변이 되기 전에 치료하는 것이 최대의 예방법이다.

지금까지 소개한 바른 음주 생활과 당질에 주의하여 간질환에 걸리지 않도록 보다 바른 식생활을 위해 노력하자.

간질환은 이렇게 진행된다

정상

지방간을 예방하기 위해서는

적절한 음주   적당한 운동   적당한 식사

γ-GTP와 AST 수치가 올라가기 시작했다면 주의!
자각증상이 없어도 지방간에 걸릴 가능성이 높다.

알코올성 지방간

증상	치료
● 자각증상 없음	● 금주(2주 정도) ● 식이요법

치료하지 않고 음주를 계속하면 5년 내외로 알코올성 간염 진행

알코올성 간염

증상	치료
● 전신의 권태감 ● 황달 ● 복통 ● 발열	● 금주(장기간) ● 식이요법 ● 약물 치료(중증인 경우)

치료하지 않고 계속 음주하게 되면 10~20년 내외로 간경변이 발생

간경변

증상	치료
●간 기능 상실 ●황달 ●코나 잇몸의 출혈 ●거미혈관종	●치료 불가능 ●항염증제 등으로 약물 치료 ●생체 간이식

건강의 적에서 백약의 으뜸으로

예로부터 술은 건강에 나쁘다고 여겼고 실제로 의학계에서도 술은 건강의 적이라고 했다. 하지만 최근 연구를 통해 '적당량의 술은 오히려 건강에 도움 된다.'는 생각을 하게 되면서 술을 둘러싼 환경이 크게 바뀌었다.

예를 들어 간 전문의가 모여 있는 일본간장학회에서는 알코올에 대한 관심이 낮아지고 있다. 예전에는 질이 좋지 않은 술이 많아 간을 파괴하는 원인의 대부분이 과음 혹은 바이러스성 간염이었다. 하지만 질 좋은 술이 많이 생산되면서 알코올로 간을 망가뜨리는 사람이 적어진 것이다. 대신 당질의 과잉 섭취로 인한 비알코올성 지방간의 비율이 높아졌다.

덧붙여 말하자면 바이러스성 간염 중 일본인에게 가장 많은 C형 간염의 환자는 약 150~200만 명으로 추정하고 있다. 왜 '추정'이라는 단어를 덧붙이냐면 C형 간염은 가벼운 감기와 같은 증상밖에 없어서 감염되었다는 사실을 눈치채지 못하는 케이스가 많기 때문이다.

과거에 C형 간염을 치료하기 위해서는 '인터페론'이라고 하는 부작용이 심한 약밖에 없었지만, 2014년에 획기적인 경구 치료제가 등장하면서 현재는 거의 100% 완치할 수 있는 병이 되었다.

또한 당뇨병도 지금까지는 술에 포함된 당질이 당뇨병의 원인 중 하나였다. 하지만 최근 들어 사케에 포함된 물질에 혈당치를 내리는 효과가 있다는 사실이 밝혀지며 생각이 바뀌고 있다.

이처럼 현재 술에 대한 형세가 180도 변하고 있다. 물론 '적당히'라는 조건이 붙는다는 건 말할 필요도 없겠다. 과음으로 인해 '만병이 술에서 시작'되지 않도록 적당한 음주를 할 수 있도록 노력하자.

성실한 사람일수록 절주 스트레스에 주의!

또 한 가지 일본고혈압학회의 방침에 관해 이야기해보자. 예전에는 혈압이 높은 사람들에게 일률적으로 '술을 피하라'는 이야기를 했는데, 지금은 규칙적인 생활 습관을 지키는 사람에게는 오히려 적정량의 술을 권유하는 쪽으로 바뀌었다.

이렇게 바뀐 이유는 두 가지다. 한 가지는 '적당량의 술은 혈압을 내리는 효과가 있다'는 것, 다른 한 가지는 '술을 참을 때 발생하는 스트레스가 오히려 혈압이 높아지게 한다'는 것이다.

여기서 말하는 '술을 참을 때 발생하는 스트레스'를 가볍게 생각해서는 안 된다. 11페이지에서 소개한 '음주량과 사망률의 관계성을 표시한 그래프' 중 남성 그래프를 살펴보자. 이 그래프에서 왼쪽 끝에 표시된 '금주하는 사람'의 '암', '총사망', '심혈관질환' 위험도 항목은 모두 '하루 알코올 섭취량이 69g 이상'인 사람의 위험도보다 높은 것을 알 수 있다.

여기서 밝혀진 사실은 술을 참을 때 발생하는 스트레스가 우리 몸에 얼마나 나쁜지에 대한 것이다. 스트레스가 커지면 자율신경이 나빠져서 항상 교감신경이 우세해지는 상태가 지속된다. 그렇게 되면 앞에서 말한 고혈압 외에 수면 부족 등 여러 장애가 나타나고 호르몬과 효소 분비에도 악영향을 끼친다.

성실한 사람일수록 스트레스를 온전히 받아들이는 경향이 있다. 현대 사회에서 스트레스를 받지 않는 생활은 있을 수 없으므로 성실하고 진지한 성격을 가진 사람은 어느 정도 타협점을 찾아 무엇이든 너무 진지하게 생각하지 않도록 하자.

알코올 양은 주 단위로 관리해야 한다고 앞에서 말했는데 이도 마찬가지이다. "이번 주는 앞으로 30g밖에 못 마시네….", "이번 주에 마실 양을 넘었으니 다음 주 전까진 한 잔도 못 마셔."라며 엄격하게 관리하는 건 그만두자. 왜냐하면 이미 알겠지만 이것도 역시 스트레스가 되기 때문이다.

원래 스트레스를 해소하기 위해 마시는 술인데 너무 엄격히 관리하는 탓에 스트레스가 쌓이면 주객이 전도된다. "조금 많이 마셨으니까 내일부턴 참아보자." 하는 정도의 탄력적인 관리로도 충분하다. 나쁘게 말하면 관리를 약간 대충하는 것일 수 있지만 그 정도로도 문제없다.

물론 음주 기준량을 너무 완화하면 관리를 안 하는 것과 마찬가지이므로 기준량은 확실히 정해둘 필요가 있다. 요즈음은 스마트폰에서 알코올 양을 관리하는 앱도 있다. 수첩에 메모하는 것보다 간단하므로 이러한 방법으로 관리해 보는 것도 좋겠다.

오랫동안 술을 즐기기 위하여

어떠한가? 건강검진 때마다 의사에게 '술을 피하라'는 말을 들었던 사람들은 술에 대한 긍정적인 내용이 많아 어떤 의미로 면죄부를 받은 듯하고 기쁠 것이다.

술을 좋아하는 대부분의 사람이 술이 아닌 다른 부분에서 신체에 부담을 주고 있는 건 정말로 안타깝게 생각한다. 이 책에서 소개한 '간에 좋은 음주법'을 실천하면 적어도 건강과 관련하여 술을 피하라는 말을 듣지 않게 될 것이다.

다만 고혈압과 당뇨병, 고중성지방혈증의 위험이 있다면 소량의 음주로도 나쁜 영향을 끼칠 수 있으므로 건강검진 결과를 확실하게 확인하는 것이 좋다.

애주가라면 누구나 '죽을 때까지 맛있는 술을 마시고 싶다'고 바랄 터이다. 그 바람을 이루기 위해서는 적당하게 마시고 당질을 피하는 식사를 하도록 신경 쓰는 것이 중요하다. 더불어 적당한 운동과 규칙적인 생활도 명심하자.

과연 '생각 없이 계속 마시고 몸이 망가진 후에 술을 마실 수 없게 되는 것'과 '정도를 지켜 오랫동안 술을 즐기는 것' 중 어느 쪽이 더 행복할까?

여기까지 읽었다면 분명 '정도를 지키고 즐겁게 술을 마시는 쪽'을 선택해 줄 것이라 믿는다. '술은 백약의 으뜸'이 되도록 오랫동안 술을 즐겨보자!

잠 못들 정도로 재미있는 이야기

간

2023. 1. 6. 초 판 1쇄 인쇄
2023. 1. 13. 초 판 1쇄 발행

감 수 | 쿠리하라 타케시(栗原 毅)
감 역 | 김현수
옮긴이 | 권수경
펴낸이 | 이종춘
펴낸곳 | [BM] ㈜도서출판 **성안당**
주소 | 04032 서울시 마포구 양화로 127 첨단빌딩 3층(출판기획 R&D 센터)
      | 10881 경기도 파주시 문발로 112 파주 출판 문화도시(제작 및 물류)
전화 | 02) 3142-0036
      | 031) 950-6300
팩스 | 031) 955-0510
등록 | 1973. 2. 1. 제406-2005-000046호
출판사 홈페이지 | **www.cyber.co.kr**
ISBN | 978-89-315-5823-4 (04080)
정가 | 9,800원

이 책을 만든 사람들

책임 | 최옥현
진행 | 김해영
교정·교열 | 양병수, 정지현
본문·표지 디자인 | 이대범
홍보 | 김계향, 박지연, 유미나, 이준영, 정단비
국제부 | 이선민, 조혜란
마케팅 | 구본철, 차정욱, 오영일, 나진호, 강호묵
마케팅 지원 | 장상범
제작 | 김유석

www.cyber.co.kr ★★★
성안당 Web 사이트

"NEMURENAKUNARUHODO OMOSHIROI ZUKAI KANZO NO HANASHI"
supervised by Takeshi Kurihara
Copyright © NIHONBUNGEISHA 2020